普通高等院校经济管理系列"十二五"规划教材

会计综合实训

主　编　白雪梅
副主编　张　丽

北京邮电大学出版社
·北京·

内 容 简 介

根据现代企业对财会人员综合业务素质的要求,本书结合最新工商、税法、会计准则的相关规定,从工商注册、银行开户、税务纳税登记实训开始,到企业内部资金、会计各岗位不同业务流程的模拟操作,对会计岗位涉及的所有业务进行模拟实训,以培养学生将来作为财务人员应具有的综合业务能力。同时,对小企业会计核算和会计电算化的使用,也进行了模拟实训。

本书可以作为高等院校会计专业、会计电算化专业的教材,也可以作为其他类院校会计及相关专业学生、专职会计人员的培训教材以及社会会计从业人员的参考书。

图书在版编目(CIP)数据

会计综合实训/白雪梅主编. —— 北京:北京邮电大学出版社,2014.5
ISBN 978 - 7 - 5635 - 3897 - 3

Ⅰ.①会… Ⅱ.①白… Ⅲ.①会计学—教材 Ⅳ.①F230

中国版本图书馆 CIP 数据核字(2014)第 076534 号

书　　名	会计综合实训
主　　编	白雪梅
责任编辑	韩　霞
出版发行	北京邮电大学出版社
社　　址	北京市海淀区西土城路 10 号(100876)
电话传真	010-82333010　62282185(发行部)　010-82333009　62283578(传真)
网　　址	www.buptpress3.com
电子信箱	ctrd@buptpress.com
经　　销	各地新华书店
印　　刷	北京泽宇印刷有限公司
开　　本	787 mm×1 092 mm　1/16
印　　张	20
字　　数	434 千字
版　　次	2014 年 5 月第 1 版　2014 年 5 月第 1 次印刷

ISBN 978 - 7 - 5635 - 3897 - 3　　　　　　　　　　　　　　　定价:42.00 元

如有质量问题请与发行部联系
版权所有　侵权必究

前　言

关于会计实训方面的教材,目前市场上已经出版发行了很多,但这些教材基本都局限于企业内部会计模拟操作。本书作者凭借多年的教学和实践经验,适应当前会计专业教学需要,紧密联系学生就业特点,编写了这本既有内部会计流程与操作,又有外部工商、银行、税务等关联业务操作的实训教材,填补了会计实训教材关于外联业务模拟这一领域的空白。

本书以最新《企业会计准则》为依据,紧密联系工商、税务等最新政策规定,以大量、真实资料的展示,使学生有置身企业,俨然会计人员的感觉。实训中,每一模块既能独立体现不同岗位业务核算要求,又作为企业全部经济活动的一个环节,构成完整核算体系不可缺少的组成部分。编写过程中力求突出以下特点。

1. 突出角色的变换

如果我们在教学中,只从会计角度讲模拟操作,学生毕业后很难立即适应工作,本书选用大量真实原始资料,让学生在不同岗位,以不同角色来处理各种业务,不仅熟悉掌握企业内部会计核算流程,还能熟悉与外部相关部门业务联系,操作流程和处理办法。

2. 实用性很强

企业内部计划、统计、供销、人力资源等部门与会计都有密切联系,各部门之间的组织与协调,有着严密科学的管理流程。本书也力图通过实训,完成学生从整体上对企业经营管理活动的了解,尽早融入社会,符合用人单位的要求。

3. 缩短上岗期

由于本书提供的操作资料和企业实际工作所涉及的资料基本相同,会计、工商、税务都以最新政策规定为指导,学生毕业后,无论从事具体的会计工作(财会部门),还是相关的其他工作,都能很快适应,不需要再多的培训。

4. 电算化操作

目前绝大部分企业都采用了会计电算化,工商税务活动也基本上是网上进行,本书正是适应了这个特点,在完全掌握会计手工操作后,可以直接利用会计软件处理企业的相关业务。

本书共包括四个模块。由大连财经学院副教授、高级会计师白雪梅担任主编(执笔第一和第二模块),副教授张丽担任副主编(执笔第四模块),葛壮、杜丹老师参编(执笔第三模块)。本书在编写过程中得到了大连枫叶国际学校姜万白同学电脑操作上的技术支持,同时参考了很多作者的实训教材,在此深表感谢!

本书可以作为高等院校会计专业、会计电算化专业的教材,也可以作为其他类院校会计及相关专业学生、专职会计人员的培训教材以及社会会计从业人员的参考书。

书中难免存在不足之处,欢迎读者来函批评指正。

编　者

2014 年 2 月 15 日

目　　录

模块一　会计从业相关外部业务实训 ··· 1
　　实训 1.1　工商部门相关业务实训 ··· 1
　　实训 1.2　银行部门相关业务实训 ·· 22
　　实训 1.3　税务部门相关业务实训 ·· 30

模块二　会计岗位模拟实训 ·· 55
　　实训 2.1　出纳岗位实训 ··· 55
　　实训 2.2　存货岗位实训 ··· 89
　　实训 2.3　固定资产岗位实训 ·· 119
　　实训 2.4　薪酬岗位实训 ·· 136
　　实训 2.5　成本岗位实训 ·· 152
　　实训 2.6　往来岗位实训 ·· 164
　　实训 2.7　财务成果岗位实训 ·· 183
　　实训 2.8　总账报表岗位实训 ·· 203

模块三　会计综合模拟实训——手工操作实训 ·· 213
　　实训 3.1　会计从业基础知识实训 ·· 213
　　实训 3.2　小型企业综合业务实训 ·· 217

模块四　会计综合模拟实训——电算化操作实训 ······································· 225
　　实训 4.1　电算化基础设置实训 ··· 225
　　实训 4.2　账务处理系统实训 ·· 232
　　实训 4.3　会计报表处理系统实训 ·· 232

参考文献 ·· 234

附录 ·· 235

模块一 会计从业相关外部业务实训

实训 1.1 工商部门相关业务实训

【能力目标】

(1)熟悉企业工商执照申请、变更的业务。
(2)熟悉办理公安局刻章备案、技术监督局取得代码证书业务。
(3)关注企业工商年度报告公示制度相关规定。

【任务描述】

(1)申请企业名称预先核准。
(2)办理房屋备案登记。
(3)刻章、取得企业代码证书。
(4)取得营业执照。
(5)企业年度工商报告公示制度将要进行的工作。

【实训资料】

一、工商注册登记

(一)前置条件

申请办理企业工商营业执照,首先应先获得工商局批准的企业名称,然后才能据以办理执照。目前工商局核名、登记和年检工作都可以在网上进行。

1.对于要核名的用户,只需进入工商局网页,单击"我要核名"按钮,在新窗口中按照相应的规定和提示,便可完成核名的网上初审。

2.对于经过初审的用户,可通过登陆"网上核名"页面,进行结果查询,将会看到其名称的《企业名称预先核准通知书》,用户可以将其打印一份,并根据查询看到的结果来填写打印后的

《企业名称预先核准通知书》。

3. 填制《公司设立登记表》。根据所要申请的组织类型,填制相应的登记表格。

(二)基本情况

2013年6月1日,由韩东江、宋立民、李童三人,拟定组建祥瑞板材机械厂,总投资100万元,出资情况:股东韩东江(身份证号21020219581127891)出资55万,占55%股份;股东宋立民(身份证号21020419680326381)出资25万,占25%股份;股东李童(身份证号21020319641025321)出资20万,占20%股份。

企业名称:大连祥瑞板材机械有限公司
企业类型:有限责任公司
法人代表:韩东江(经理)
企业住址:大连市中山区桃源街128号(承租房屋)
电话、邮编:0411-86265697、116014
注册资金:100万,全部以货币资金入账
验资账户:中国建设银行大连中山支行
经营范围:半自动木工截锯、多锯片木工圆锯
财务主管:李童
会　　计:王丽红(兼办税员)
出　　纳:黄洪
职工总数:80人

(三)工商执照申领

1. 申请企业名称预先核准

2013年7月10日到工商部门领取《企业名称预先核准申请书》,如表1-1所示,7月15日获得了名称的核准,取得了《企业名称预先核准通知书》,如表1-2所示。

表1-1

企业名称预先核准申请书

敬　　告

1. 在填表前,申请人应当阅读过《企业名称登记管理规定》、《企业名称登记管理实施办法》和本申请书等,知其享有的权利和应承担的义务。
2. 申请人必须保证即对其提交文件、证件的真实性、有效性和合法性承担责任。
3. 申请人提交的申请书与其他申请材料应当使用A4纸。
4. 未注明提交复印件的,应当提交原件;提交复印件的,应当注明"与原件一致"并由投资人签署,或者由其指定的代表或共同委托的代理人签字。
5. 需投资人签署的,自然人投资人由本人签字;自然人以外的投资人加盖公章。
6. 手工填写表格或签字时应当使用黑色或蓝黑色的钢笔或签字笔,请勿使用圆珠笔。

大连市工商行政管理局制

企业名称登记须知

一、申请名称登记的注意事项
(一)申请名称登记的一般要求
1.名称一般应包括四个部分:行政区划、字号、行业(经营特点)、组织形式;
例如:大连　　　旭日　　　木业　　　　　有限公司
　　　行政区划　字号　　行业(经营特点)　组织形式
2.行业(经营特点)指在名称中应当表示出企业的主要经营范围。
(二)申请登记的名称中如有下列内容的,不予登记
1.有损于国家形象、利益及社会公共利益的;
2.外国国家(地区)名称、国际组织名称;
3.国家之间的联名(如中美、中日)、国家与地区之间的联名(如中港);
4.政党名称、党政军机关名称、群众组织名称、社会团体名称、部队番号及民族名称;
5.与已经登记注册的同行业企业名称相同的;
6.可能对社会造成欺骗或误解的;
7.明知是驰名商标或知名商号而据为己用的;
8.带有政治、封建、迷信色彩的名称;
9.汉语拼音字母、阿拉伯数字、外文不予登记;
10.其他法律、行政法规禁止的。
二、申请企业名称预先核准需提交的材料
1.全体投资人签署的《企业名称预先核准申请书》;
2.特殊的申请名称,名称登记机关可以要求投资人提交相应的说明或者证明材料。

企业名称预先核准申请书

申请企业名称	
备选企业名称 (请选用不同的字号)	
企业原名称 (名称变更登记填写)	
经营范围 (只填写与企业名称行业表述一致的主要业务项目)	
住所所在地	
注册资本(金)	(万元)　　币种
投资总额 (外资企业填写)	(万元)　　币种
企业类型	(　)内资　(　)外资　(　)私营

投资人姓名或名称	国别	证件(照)类型及号码	投资额(万元)	比例

登记机关意见	签 字： 年 月 日
备 注	
受理通知书文号		名称预先核准通知书文号	
指定代表或委托代理人		指定或委托的有效期限	自 年 月 日 至 年 月 日

指定代表或委托代理人权限：
1. □同意 □不同意 核对登记材料中的复印件并签署核对意见；
2. □同意 □不同意 修改有关表格的填写错误；
3. □同意 □不同意 领取《企业名称预先核准通知书》等文书。

指定代表或者委托代理人信息	签 字		联系电话	
	（指定代表或者委托代理人身份证明复印件粘贴处）			

承诺	申请核准的名称中行业用语与经营范围主营业务相一致,凡在今后的经营活动中,若与其他企业因名称发生争议或登记注册的经营范围与名称申请的经营范围或行业专用语有差异时,我们愿意无条件服从工商行政管理机关的处理决定,变更企业名称,并承担相应的法律责任。

委托人(全体投资人)盖章或签字:

年   月   日

| 领核准通知书人 | | 领通知书日期 | |

注:1.指定代表或者委托代理人权限需选择"同意"或者"不同意"请在□中打√;
　　2.投资人表格内填写不下的可以附纸填写;
　　3.投资人对以上信息进行确认以后盖章或签字;自然人投资人由本人签字,非自然人投资人加盖公章。

表 1-2

档案号＿＿＿＿＿＿
注册号＿＿＿＿＿＿

公 司 设 立 登 记 申 请 书

公司名称＿＿＿＿＿＿＿＿＿＿＿＿＿＿＿＿＿＿

敬　　告

1.在签署文件和填表前,申请人应当阅读过《中华人民共和国公司法》、《中华人民共和国公司登记管理条例》和本申请书,并确知其享有的权利和应承担的义务。

2.提交的材料未注明提交复印件的,应当提交原件;提交复印件的,应当注明"与原件一致"并由股东(发起人)签署,或者由其指定的代表或委托的代理人签字。

3.提交的材料需股东(发起人)签署的,股东(发起人)为自然人的由本人签字,自然人以外的股东(发起人)加盖公章;需董事签署的,由本人签字。

4.提交的申请书与其他申请材料应当使用 A4 型纸。

5.手工填写表格或签字时应当使用黑色或蓝黑色的钢笔或签字笔,请勿使用圆珠笔。

大连市工商行政管理局制

公司设立登记应提交的材料

1.公司法定代表人签署的《公司设立登记申请书》;

2.全体股东(发起人)签署的公司章程;

有限责任公司章程应当载明下列事项:(1)公司名称和住所;(2)公司经营范围;(3)公司注册资本;(4)股东的姓名或者名称;(5)股东的出资方式、出资额和出资时间;(6)公司的机构及其产生办法、职权、议事规则;(7)公司法定代表人;(8)股东会会议认为需要规定的其他事项。

股份有限公司章程应当载明下列事项:(1)公司名称和住所;(2)公司经营范围;(3)公司设立方式;(4)公司股份总数、每股金额和注册资本;(5)发起人的姓名或者名称、认购的股份数、出资方式和出资时间;(6)董事会的组成、职权和议事规则;(7)公司法定代表人;(8)监事会的组成、职权和议事规则;(9)公司利润分配办法;(10)公司的解散事由与清算办法;(11)公司的通知和公告办法;(12)股东大会会议认为需要规定的其他事项。

3.股东(发起人)的主体资格证明或者自然人身份证件的复印件(国有独资有限责任公司不提交);

股东(发起人)为企业的,提交营业执照副本复印件;股东(发起人)为事业法人的,提交事业法人登记证书复印件;股东(发起人)为社团法人的,提交社团法人登记证复印件;股东(发起人)为民办非企业单位的,提交民办非企业单位证书复印件;股东(发起人)为自然人的,提交身份证件复印件;其他股东(发起人)提交有关法律法规规定的资格证明。

4.依法设立的验资机构出具的验资证明;

5.股东(发起人)首次出资是非货币财产的,提交已办理财产权转移手续的证明文件;

6. 以股权出资的,提交《股权认缴出资承诺书》;

7. 董事、监事和经理的任职文件及身份证件复印件;

依据《公司法》和公司章程的规定和程序,有限公司提交股东会决议(由股东签署)、董事会决议(由董事签字)或其他相关材料;一人有限公司提交股东签署的书面决定、董事会决议(由董事签字)或其他相关材料;国有独资有限公司提交国务院、地方人民政府或者其授权的本级人民政府国有资产监督管理机构的书面决定(加盖公章)、董事会决议(由董事签字)或其他相关材料;股份有限公司提交由发起人签署或由会议主持人和出席会议的董事签署的股东大会决议(募集设立的提交创立大会的会议记录)、董事会决议(由董事签字)或其他相关材料,股东大会决议(创立大会会议记录)可以与第13项合并提交。

8. 法定代表人任职文件及身份证件复印件;

依据《公司法》和公司章程的规定和程序,有限公司提交股东会决议(由股东签署)、董事会决议(由董事签字)或其他相关材料;一人有限公司提交股东签署的书面决定、董事会决议(由董事签字)或其他相关材料;国有独资有限公司提交国务院、地方人民政府或者其授权的本级人民政府国有资产监督管理机构的书面决定(加盖公章)、董事会决议(由董事签字)或其他相关材料;股份有限公司提交董事会决议(由董事签字)。

9. 住所使用证明;

自有房产的,提交房屋产权证复印件;租赁房屋的,原则上提交房屋租赁管理部门出具的《房屋租赁登记备案表》,也可以提交以下文件:

提交租赁协议复印件以及出租方的房屋产权证复印件。有关房屋未取得房屋产权证的,属城镇房屋的,提交房地产管理部门的证明或者竣工验收证明、购房合同及房屋销售许可证复印件;属非城镇房屋的,提交当地政府规定的相关证明。出租方为宾馆、饭店的,提交宾馆、饭店的营业执照复印件。使用军队房产作为住所的,提交《军队房地产租赁许可证》复印件。

将住宅改变为经营性用房的,属城镇房屋的,还应提交《登记附表－住所(经营场所)登记表》及所在地居民委员会(或业主委员会)出具的有利害关系的业主同意将住宅改变为经营性用房的证明文件;属非城镇房屋的,提交当地政府规定的相关证明。

10.《企业名称预先核准申请书》及《企业名称预先核准通知书》;

11. 法律、行政法规和国务院决定规定设立有限责任公司必须报经批准的,提交有关的批准文件或者许可证书复印件;

12. 公司申请登记的经营范围中有法律、行政法规和国务院决定规定必须在登记前报经批准的项目,提交有关的批准文件、许可证书复印件或者许可证明。

13. 采用募集方式设立股份有限公司的,还应提交由发起人签署或由会议主持人和出席会议的董事签字的股东大会或者创立大会会议记录;

14. 募集设立的股份有限公司公开发行股票的,还应提交国务院证券监督管理机构的核准文件。

15. 国家工商行政管理总局规定要求提交的其他有关文件。

指定代表或者共同委托代理人的证明

申请人:_____

_____

指定代表或者委托代理人:_____
委托事项及权限:

1. 办理公司的设立手续;

2. □同意　□不同意 核对登记材料中的复印件并签署核对意见;

3. □同意 □不同意 修改企业自备文件的错误；

4. □同意 □不同意 修改有关表格的填写错误；

5. □同意 □不同意 领取营业执照和有关文书。

指定或者委托的有效期限：自　　　年　　月　　日至　　　年　　月　　日

指定代表或者委托代理人	签　　字	
	固定电话	
	移动电话	

（指定代表或委托代理人身份证明复印件粘贴处）

申请人盖章或签字

年　月　日

注：1.有限责任公司申请人为全体股东；国有独资公司申请人为国务院或地方人民政府国有资产监督管理机构；股份有限公司申请人为董事会；

2.委托事项及权限：第2、第3、第4、第5项选择"同意"或"不同意"并在□中打√；

3.自然人申请人由本人签字，非自然人申请人加盖公章。

公司设立登记申请书

名　　称			
名称预先核准通知书文号		联系电话	
住　　所		住所产权	□自有　　□租赁 □无偿使用　□其他
电子邮箱		邮政编码	
法定代表人姓名		职　务	
注册资本	（万元）	公司类型	
实收资本	（万元）	设立方式	
经营范围			
营业期限	□长期／_____年	申请副本数量	_____（个）

本公司依照《公司法》、《公司登记管理条例》申请设立登记，提交材料真实有效，复印件与原件一致，谨此对真实性承担责任。

法定代表人签字：

年　月　日

注：1. 公司类型：应填写"有限责任公司"或"股份有限公司"。其中，国有独资公司应当填写"有限责任公司（国有独资）"；一人有限责任公司应当注明"有限责任公司（自然人独资）"或"有限责任公司（法人独资）"；股份有限公司是上市公司的应当注明"股份有限公司（上市）"。

2. 股份有限公司应在"设立方式"栏选择填写"发起设立"或者"募集设立"。

3. 住所产权、营业期限在备选的□中打"√"或填写"XX年"。

公司股东(发起人)出资信息

股东(发起人)名称或姓名	证件(照)名称	证件(照)号码	认缴			持股比例(%)	实缴			投资人类型
			出资额(万元)	出资方式	出资时间		出资额(万元)	出资方式	出资时间	

注:1.根据公司章程的规定及实际出资情况填写,本页填写不下的可以填写附表。

2."证件(照)名称"栏填写下述字母:A.企业法人营业执照(公司);B.企业法人营业执照(非公司);C.企业法人营业执照(外资);D.个人独资企业营业执照;E.合伙企业营业执照;F.个体工商户营业执照;G.事业法人登记证;H.社团法人登记证;I.机关法人登记证;J.农民专业合作社法人营业执照;K.其他证照;L.中国居民身份证;M.其他有效身份证件。

3."出资方式"栏填写下述字母:A.货币;B.实物;C.知识产权;D.债权;E.土地使用权;F.股权;G.其他。

4."投资人类型"栏填写下述字母:A.企业法人;B.事业法人;C.社团法人;D.机关法人;E.外商投资企业;F.合伙企业;G.个人独资企业;H.农民自然人;I.非农民自然人;J.华侨;K.其他投资者。

法定代表人信息

姓　名		出生日期		性　别	□ 男 □ 女
证件类型		证件号码		公务员	□ 是 □ 否
联系电话		职　务	□董事长　□执行董事 □经理	照片	
职　务 产生方式	□任命 □委派 □选举 □聘任 □指定 □其他	任免机构			
任　职 起始日期		任　职 截止日期			

（身份证件复印件粘贴处）

法定代表人签字：

　　　　　　　　　　　　　　　　　　　　　　　　　　年　　月　　日

　　以上法定代表人信息真实有效，身份证件复印件与原件一致，符合《公司法》、《企业法人法定代表人登记管理规定》关于法定代表人任职资格的有关规定，谨此对真实性承担责任。

（盖章或者签字）
年　　月　　日

　　依照《公司法》、公司章程的规定程序，出资人、股东会确定法定代表人的，由出资人、股东签署；董事会确定法定代表人的，由董事签署。

注："证件类型"指 A.中国居民身份证；B.外国（地区）护照；C.其他有效身份证件。

公司董事、监事、经理信息

姓名:	出生日期:	性别:	公务员:□是 □否
证件类型:	证件号码:	职务:	职务产生方式:
任免机构:	任职起始日期:	任职截止日期:	

（身份证件复印件粘贴处）

姓名:	出生日期:	性别:	公务员:□是 □否
证件类型:	证件号码:	职务:	职务产生方式:
任免机构:	任职起始日期:	任职截止日期:	

（身份证件复印件粘贴处）

姓名:	出生日期:	性别:	公务员:□是 □否
证件类型:	证件号码:	职务:	职务产生方式:
任免机构:	任职起始日期:	任职截止日期:	

（身份证件复印件粘贴处）

注:1."证件类型"指 A.中国居民身份证；B.外国（地区）护照；C.其他有效身份证件。

2."职务"系指:A.董事长兼总经理;B.董事兼总经理;C.执行董事兼总经理;D.董事长;E.副董事长;F.总经理;G.副总经理;H.经理;I.董事;J.执行董事;K.监事。

3."职务产生方式"是指任命、委派、选举、聘用、指定等；本表不够填时,可复印粘贴于后。

公司设立登记提交材料目录

是否提交	序号	材料名称
	1	公司法定代表人签署的《公司设立登记申请书》
	2	公司章程
	3	股东的主体资格证明或者自然人身份证明复印件
	4	依法设立的验资机构出具的验资证明或受托银行出具的出资证明
	5	已办理财产权转移手续的证明文件
	6	《股权认缴出资承诺书》
	7	董事、监事和经理的任职文件及身份证明复印件
	8	法定代表人任职文件及身份证明复印件
	9	住所使用证明
	10	《企业名称预先核准申请书》及《企业名称预先核准通知书》

受理人员签字：

年　月　日

注：1. 在"是否提交"中打"√"或"×"。
　　2. 提交其他文件、证件的，在空白栏内填写。
　　3. 本表不够填时，可复印续填，粘贴于后。

核发《企业法人营业执照》及归档情况

核 准 日 期			执 照 副 本 数		（个）
打 照 日 期			打 照 人		
缴纳登记费		（元）	缴费收据号		
领执照人	签 字		发执照人	签 字	
	日 期			日 期	
	电 话			送 档 人	
送 档 日 期			接 档 人		
设立登记材料的归档情况					
备 注					

企业名称预先核准通知书回执

预先核准通知书文号				
名 称				
住 所				
注册资本		（万元）	注册号	2102038
所属行业			行业代码	210987
设立登记日期				

（登记机关印章）

年　月　日

2.办理房屋租赁备案

2013年8月11日到中山区房屋租赁登记管理中心,办理房屋备案登记手续。

出 租 方:大连交运集团长灵分公司,法人代表:张东为

房屋面积:房屋总面积12 000 m^2,租赁面积8 000 m^2;

租　　期:2013年8月1日—2018年7月31日;

租　　金:年租金150 000元,年初一次付清;年评估租金180 000;

办理备案需要资料:

(1)《企业名称预先核准通知书》。

(2)产权证。

(3)房主身份证。

(4)租赁合同等手续。

办理房屋租赁备案,收取手续费325元。取得房屋备案登记表,如表1-3所示。

表1-3

房屋租赁登记备案表

大房租　字　　　号

出租方	产权单位 (或产权人)			
	转租方 (或转租人)			
承租方	企业名称		法定代表人 (或负责人)	
房　屋　坐　落				
产　权　证　号		房屋总面积	租赁面积	
租赁合同期限(大写)				
年　合　同　租　金	(元)	租赁交易手续费		(元)
年评估租金	(元)	土地收益金		(元)
房屋租赁登记管理机关意见: 　　双方租赁关系符合房屋租赁管理有关规定,已登记备案。 　　大连市房屋租赁登记管理中心　(公章)　　　　　　　　　　　　经办人(签字): 　　　　　　　　　　　　　　　　　　　　　　　　　　　　　　　　负责人(签字): 　　　　　　　　　　　　　　　　　　　　　　　　　　　　　　　　　年　　月　　日					
备注:					

第五联:当事人留存

3. 刻章

2013年8月16日到公安局指定的大连青林刻章有限公司刻公章、财务专用章、合同专用章、法人小印。8月23日获取各种印章。如图1-1～图1-5所示。

刻章需准备的资料：
(1)《企业名称预先核准通知书》；
(2) 合同介绍信；
(3) 法人身份证。

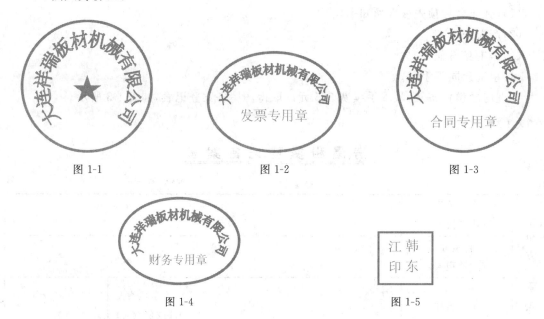

图1-1　　　　　　图1-2　　　　　　图1-3

图1-4　　　　　　图1-5

4. 办理企业代码证书

组织机构代码也称全国统一代码，是国家为每个组织机构赋予一个全国唯一和终身不变的法定代码标识，包括正本、副本和电子副本(IC卡)，代码证书和代码智能卡是证明持证单位具有法定代码标识的凭证，也是各有关部门应用查验和采集信息的必要载体。

代码登记部门在为组织机构办理发证的同时，还要采集多项基础信息，并按照国家标准对这些信息进行编码，将这些信息存入代码数据库和代码证电子副本(IC卡)中，供代码应用部门使用。代码登记部门所采集的基础信息包括：机构名称、机构地址、机构类型、经济性质、行业分类、规模、法人代表等。

组织机构代码证办证、变更、到期换证相关规定：

新建单位应在核准登记或批准成立之日起三十日内申办代码标识；单位变更名称、地址、类型、法人代表的任一项变更，须办理换证手续；证卡到期换持证单位应在代码证卡有效期满后的三十日内办理到期换证手续。

新企业申请办理企业代码证书需要准备的资料：
(1)《企业名称预先核准通知书》；
(2) 法人代表身份证复印件；
(3) 经办人身份证复印件；

(4)公章等。

老企业办理企业代码证书变更、换卡需要同时准备的资料：

(1)营业执照及有效复印件，属变更的要持变更后的成立文件，并附工商局变更通知；

(2)变更换证卡或到期换证卡的，应交回原颁发的所有代码证卡，有遗失毁损的证卡须登报公告并提交其复印件和补发申请书；逾期换证的，须提交逾期补办申请或接受相关处理。

2013年7月23日，到大连市质量技术监督局办理企业代码证书。企业代码证书如表1-4所示。

表1-4

中华人民共和国 组织机构代码证	说　明 1. 中华人民共和国组织代码是组织机构在中华人民共和国境内唯一的、始终不变的法定代码标识，《中华人民共和国组织机构代码证》是组织机构法定代码标识的凭证，分正本和副本。 2.《中华人民共和国机构代码证》不得出租、出借、冒用、转让、伪造、变造、非法买卖。 3.《中华人民共和国组织机构代码证》登记项目发生变化时，应向发证机关申请变更登记。 4. 各组织机构应当按有关规定，接受发证机关的年度检查。 5. 组织机构依法注销、撤销、应向原发证机注销登记。 6. 请于每年3～5月份携带相关有效资料参加年检。
代　　码：67850138-8 机 构 名 称：大连祥瑞板材机械有限公司 机 构 类 型：企业法人 韩东江 地　　址：辽宁省大连中山区桃源街128号 有 效 期：2013年07月23日至2018年07月23日 颁 发 单 位：大连市质量技术监督局中山分局 登　记　号：组代管210202—024826	中华人民 　　　　国家质量监督局 共 和 国 年检记录  **NO2013　1923260**

5.办理营业执照

2013年8月25日到工商局办理工商营业执照，营业执照分正本和副本。副本如表1-5所示。

办理工商营业执照准备以下资料：

(1)《企业名称预先核准申请书》；

(2)《企业名称预先核准通知书》；

(3)《房租赁登记备案表》；

(4)《企业设立登记出资证明》及相关材料；

(5)公司《章程》；

(6)单位选举材料一套。

表 1-5

企业法人营业执照	须　知
（副　本）	
注册号　2102022301889102（1/1）	1.《企业法人营业执照》是企业法人资格和合法经营的凭证。
	2.《企业法人营业执照》分正本和副本，正本和副本具有同等法律效率。
名　　　称：大连祥瑞板材机械有限公司	3.《企业法人营业执照》正本应当置于住所的醒目位置。
住　　　所：辽宁省大连中山区桃源街128号	4.《企业法人营业执照》不得伪造、涂改、出租、出售、出借、转让。
法定代表人姓名：韩东江	5.登记事项发生变化，应当向公司登记机关申请变更登记，换领企业法人营业执照。
注　册　资　本：100万	6.每年三月一日至六月三十日，应当参加年度检查。
实　收　资　本：100万	7.《企业法人营业执照》被吊销后，不得开展与清算无关的经营活动。
公　司　类　型：有限责任公司	8.办理注销登记，应当交回《企业法人营业执照》正、副本。
经　营　范　围：板材机械	9.《企业法人营业执照》遗失或者毁坏的，应当在公司登记机关的规定报刊上声明作废，申请补领。
	年度检查情况

二、企业的年度报告公示

根据国务院发布的《注册资本登记制度改革方案》(国发〔2014〕7号)"将企业年度检验制度改为企业年度报告公示制度"，"改革个体工商户验照制度，建立符合个体工商户特点的年度报告制度"，"探索实施农民专业合作社年度报告制度"的规定和国家工商行政管理总局《关于停止企业年度检验工作的通知》(工商企字〔2014〕28号)要求。工商管理机构对企业的年检制度现在改为年度报告公示制度，但具体公示方法内容正在制定过程中，市场主体信用信息公示系统正在紧急建设中。

过去所实行的企业年度检验，是企业登记机关依法按年度，根据企业提交的年检材料，对与企业登记事项有关的情况进行定期检查的监督管理制度。现简单了解过去的年检制度以便于理解将要出台的企业年度报告公示制度。

每年3月1日至6月30日，企业应当向企业登记机关提交年检材料，有正当理由的可以在6月30日前向企业登记机关提交延期参加年检的申请，经企业登记机关批准可以延期30日。企业应当对其提交的年检材料的真实性负责。

网上年检，只要进入"工商局网上年检系统"。单击"企业用户登录"按钮，完整无误地输入本企业营业执照的名称、证件编号及随机产生的验证码之后，即可登录进入本企业的网上年检界面。

相关资料以及需要填制的主要表格简示，如表1-6所示。

表1-6

公司年检报告书

（　　年度）

公　司　名　称：_____　（盖章）

联　系　电　话：_____

注　　册　　号：_____

登　记　机　关：_____

中华人民共和国国家工商行政管理总局制
HTTP://WWW.SAIC.GOV.CN
HTTP://QYJ.SAIC.GOV.CN

一、登记事项情况

登记事项名称	登记事项状况
名称	□与登记一致。 □与登记不一致。现状是：
住所	□与登记一致。 □与登记不一致。现状是：
法定代表人姓名	□与登记一致。 □与登记不一致。现状是：
注册资本 （万元）	□与登记一致。 □与登记不一致。现状是：
实收资本 （万元）	□与到期应收资本一致。 □与到期应收资本不一致。现状是： 实收资本额： 到期应收资本额：
公司类型	□与登记一致。 □与登记不一致。现状是：
营业期限	□与登记一致。 □与登记不一致。现状是：
经营范围	1.企业登记前置许可证件、批准文件是否期限届满、被撤销、吊销或撤回： □否 □是。许可证件、批准文件名称： 2.有无从事未经登记的企业登记前置许可经营项目： □否 □是。从事的项目为： 3.有无从事未经登记的一般经营项目： □否 □是。从事的项目为：
股东、 发起人 姓名 （名称） 及出资 额	1.□姓名（名称）与登记一致。 □姓名（名称）与登记不一致。现状是： 2.□各股东、发起人已按期缴足认缴的出资额。 □各股东、发起人未按期缴足认缴的出资额。未按期缴足认缴出资额的股东、发起人是：

注：1.本年检报告书适用于依照《公司法》和《公司登记管理条例》登记注册的有限责任公司和股份有限公司，不包括外商投资的公司。

2.年检报告书可以打印填写，也可以使用黑色或蓝黑色钢笔或签字笔正楷填写，字迹应清晰工整。

3.标明"□"的选项，选填时应将"□"涂黑。

二、备案事项情况

备案事项名称	备案事项现状
章　程	□与备案一致。 □与备案不一致。修改的主要事项是：
董　事	□与备案一致。 □与备案不一致。现状是：
监　事	□与备案一致。 □与备案不一致。现状是：
经　理	□与备案一致。 □与备案不一致。现状是：
分公司	□未设立。 □与备案一致。 □未备案或未全部备案。未备案的分公司是：
公司清算组成员及负责人	□公司未进入清算。 □与备案一致。 □与备案不一致。现状是：

注："分公司"一栏填写上次年检至本次年检期间分公司的设立与备案情况。

三、经营情况

企业名称		注册号	
营运状况	□筹建 □投产开业 □停业 □清算		
全年销售（营业）收入	元	其中:服务营业收入	元
全年利润总额	元	全年纳税总额	元
全年净利润	元		
全年亏损额			元
年末资产总额	元	其中:长期投资	元
年末负债总额	元	其中:长期负债	元

注:本表内容应根据资产负债表和损益表填写,并附在资产负债表之前。

本人确认公司提交的年检报告书所填内容属实。

公司法定代表人签名：

年　月　日

三、企业名称变更

企业名称变更登记需提交如下材料：

(1)公司法定代表人签署的《公司变更登记申请书》(公司加盖公章)；

(2)公司签署的《指定代表或者共同委托代理人的证明》(公司加盖公章)及指定代表或委托代理人的身份证复印件(本人签字)；

(3)公司章程修正案(公司法定代表人签署)；

(4)法律、行政法规和国务院决定规定公司名称变更必须报经批准的，提交有关的批准文件或者许可证书复印件；

(5)公司营业执照副本。

公司变更名称，应当向其公司登记机关提出申请，申请名称超出其公司登记机关管辖权限的，由其公司登记机关向有该名称登记权的公司登记机关申报。

以上各项未注明提交复印件的，应当提交原件。提交复印件的，应当注明"与原件一致"并由公司加盖公章。

实训1.2 银行部门相关业务实训

【能力目标】

(1)熟悉办理开户业务。

(2)能够独立办理企业和银行的各种往来业务。

(3)熟练使用银行结算业务的相关凭证。

【任务描述】

(1)申请临时存款账户，中国建设银行大连中山支行。

(2)取得银行出具的《企业设立登记出资证明》。

(3)申请开立基本账户，取得《开户证明》。

(4)购买支票，使用支票以及相关的银行结算凭证。

【实训资料】

一、基本情况

2013年6月1日,由韩东江、宋立民、李童三人,拟定组建祥瑞板材机械厂,总投资100万元,出资情况:股东韩东江(21020219581127891)出资55万,占55%股份;股东宋立民(21020419680326381)出资25万,占25%股份;股东李童(21020319641025321)出资20万,占20%股份。

企业名称:大连祥瑞板材机械有限公司

企业类型:有限责任公司

法人代表:韩东江(经理),宋立民(副经理)

企业住址:大连市中山区桃源街128号(承租房屋)

电话、邮编:0411-86265697,116014

注册资金:100万,全部以货币资金入账

验资账户:中国建设银行大连中山支行

经营范围:半自动木工截锯、多锯片木工圆锯

财务主管:李童

会　　计:王丽红(兼办税员)

出　　纳:黄洪

职工总数:150人

二、银行业务办理

(一)开立验资户,取得资金证明

(1)6月1日—6月30日,每个投资者以自然人的身份,把资金送存到中国建设银行大连中山支行。

(韩东江50万元,账号:4518101766442365;宋立民25万元,账号:4518101 86642366;李童20万元,账号:4518101766442367)

(2)7月10日持法人代表授权开立验资户的授权书及相关资料,到银行办理资金证明手续,取得《企业设立登记出资证明》,开立验资户。《企业设立登记出资证明》如表1-7所示。

表 1-7

中国建设银行大连中山支行

大　　　　　存证新字[　]第　号　　NO1009867
企业设立登记出资证明
（筹）：

根据大连市工商局行政管理局关于《企业单一货币出资用银行证明替代验资报告的暂行办法和修改意见》的规定，我行接受委托，确认了贵企业实收资本情况。贵企业于　年　月　日取得了大连市工商行政管理机关《企业名称预先核准通知书》，申请注册资本为　　（大写）万元。截止　年　月　日，该企业出资人以货币实际出资　　　万元已存入我行，占注册资金　　%。

明细如下：

序号	股东名称（投资人姓名）	出资额	账号
1			
2			
3			
4			

特此证明：

附件：　1.存款证明；　　2.银行对账单；　　3.执照复印件。

经办人：　　　审核人：　　　行长：

银行名称　　　　　（公章）

年　月　日

注：若明细表格不够，可增设副页。

（二）开立基本户，取得开户证明

1. 办理基本户准备资料

当企业取得工商营业执照、企业代码证、税务登记证等相关资料，可以到银行开立基本户，也可以把验资户变成基本户。

2013年7月25日，持银行开户所需资料以及单位法人代表的授权委托书，到大连市中山区桃源街75号中国建设银行大连中山支行，办理验资户销户及验资户转为基本户的事宜。

开立基本户需准备以下材料：

(1) 营业执照正本原件及复印件1份；

(2) 营业执照副本原件及复印件1份；

(3) 组织机构代码证正本或副本原件及复印件1份；

(4) 税务登记证正本或副本原件及复印件1份；

(5)法人身份证原件及复印件1份；

(6)代办人身份证原件及复印件1份；

(7)经营场所租赁合同正本或自有产权证明正本及复印件1份。

授 权 书

中国建设银行大连中山支行：

兹授权大连祥瑞板材有限责任公司王丽红，身份证号：21020319860212496，到贵行办理验资户开立的事宜。

请予以受理。

授权人：韩东江

2013年7月10日

2.办理基本户程序

(1)填写银行印鉴卡，如表1-8所示。

表1-8

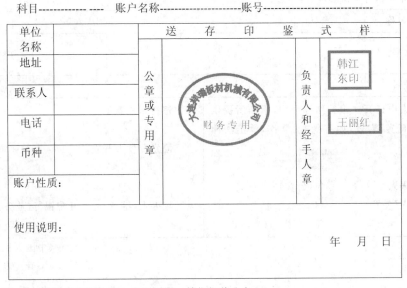

中国建设银行印鉴卡

注：印鉴卡背面内容：启用日期、单位加盖公章。

(2)填写开立单位银行结算户申请书如表1-9所示。

表 1-9

开立单位银行结算账户申请书

存款人名称				电 话	
地　　址				邮 编	
组织机构代码		法定代表人或负责人	姓名		
			证件种类		
			证件号码		
上级法人或主管单位名称					
上级法人或主管单位组织机构代码		上级法人或主管单位法定代表人或负责人	姓名		
			证件种类		
			证件号码		
账户性质	基本存款账户（　　）　　　一般存款账户（　　） 专用存款账户（　　）　　　临时存款账户（　　）				
证明文件种类			证明文件编号		
地税登记证号			国税登记证号		
经营范围					
关联企业名称					
以下栏目由开户银行审核后填写：					
开户银行名称					
存款人账号			有效日期	至　　　年　月　日	
开户核准号					
本存款人申请开立银行结算账户，承诺所提供的开户资料真实、有效，如有伪造、欺诈，承担法律责任。 法定代表人　　　单位（公章） 或负责人（签章） 　　　　　　　　　年　月　日			开户银行审核意见： 　　同意存款人开立　　　存款账户。 经办人（签章）　　开户银行（业务公章） 　　　　　　　　　　　　　年　月　日		
中国人民银行核准意见			（中国人民银行账户管理专用章） 　　　　　　年　月　日		

填写说明：

①开立临时存款账户，有效日期必须填列。

②本书一式三份，其中：一份存款人留存，一份开户银行留存，一份由开户银行报送中国人民银行当地分支行(不需中国人民银行核准的账户除外)。

(3)签订《单位人民币银行结算账户管理协议》(摘要),如表 1-10 所示。

表 1-10

单位人民币银行结算账户管理协议

编号：

甲　　方（全称）：_____（以下简称甲方）
负责人(或授权代理人)：_____
电　　话：_____　邮　编：_____
地　　址：_____
乙　　方(全称)：_____（以下简称乙方）
负责人(或授权代理人)：_____　电话：_____
邮　　编：_____　地址_____

根据《人民币银行结算账户管理办法》及相关法律法规的规定,甲乙双方经充分协商一致,在平等自愿的基础上,订立如下协议,共同遵守。

第 1 条　乙方自愿在甲方开立
人民币银行结算账户：_____
(一)基本存款账户；
(二)一般存款账户；
(三)专用存款账户；
(四)临时存款账户。

第 2 条　甲、乙双方共同承诺：
(一)双方按照《人民币银行结算账户管理办法》及相关法律、法规,办理银行结算账户的开立、使用、变更、撤销；
(二)双方均不得利用银行结算账户从事任何违法犯罪活动；
(三)双方约定方式定期核对账务。

第 3 条　账户核对
(一)乙方采取如下_____
账务核对方式：
1.乙方来行领取,乙方到银行领取签字时视同对账信息已送达；
2.甲方邮寄,甲方寄出对账单之日起（邮戳为准）视同对账信息已送达；
3.其他方式_____。

第 4 条　甲方对一年内未发生收付活动且未欠甲方银行债务的乙方银行结算账户,应通知乙方自发出通知之日起 30 日内办理销户手续；逾期未来办理销户手续的,视同自愿销户,甲方有权将该账户未划转款项列入甲方久悬未取专户管理。

第 5 条　乙方撤销银行结算账户时,应于 5 个工作日内向甲方提出申请；乙方尚未清偿甲方债务的,不得申请撤销在甲方开立的银行结算账户。

第 6 条　乙方撤销银行结算账户时,必须与甲方核对银行结算账户存款余额,交回各种重要空白票据及结算凭证和开户登记证（开户核准通知书）,甲方核对无误后方可为其办理销户手续。乙方未按规定交回各种重要空白票据及结算凭证的,应出具有关证明,造成损失的,由乙方自行承担。

第 7 条　本协议自双方签字或盖章之日起生效。

甲方(盖章)　　　　　　　　　　　　　　　　　　乙方(盖章)
负责人　　　　　　　　　　　　　　　　　　　　法定代表人(负责人)
或授权代理人：　　　　　　　　　　　　　　　　或授权代理人：

签约时间：_____年_____月_____日
签约地点：

注:本协议需法人代表亲自签字。

(4)准予开户：

经中国人民银行审核符合开户条件准予开户，2013 年 8 月 10 日取得开户许可证。如表 1-11 所示。

表 1-11

开 户 许 可 证

核准号：2013016000128　　　　　　　　　　　　　　　编号：20103--0154689

经审核大连祥瑞板材机械有限公司符合开户条件，准予开立基本存款账户，法定代表人韩东江。开户银行：中国建设银行大连中山支行。

账号：212015012000530127 00

发证机关盖章
2010 年 8 月 10 日

（三）办理银行相关业务

(1)获取基本账户，购买支票。

7 月 25 日在中国建设银行大连中山支行开立基本户，账号：212015012000530127 00。银行扣除开户费、回单箱及其他相关费用，同时购买转账支票一本，现金支票一本。如表 1-12～表 1-14 所示。

表 1-12

中国建设银行　业 务 收 费 凭 证　NO:3509197

币别：			年　月　日	流水号：
付款人			账号	
项目名称	工本费	手续费	电子汇划费	金　额
金额（大写）				
付款方式				

第二联 客户回单

会计主管　　　授权　　　复核　　　录入

表 1-13

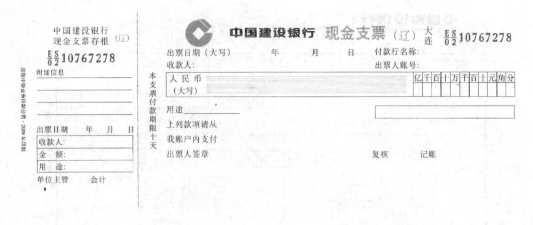

表 1-14

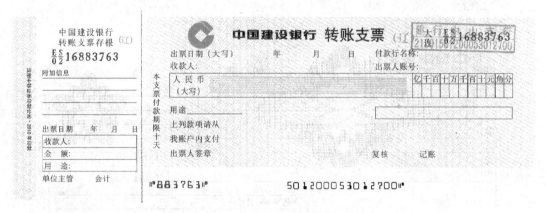

（2）企业结算中涉及的其他银行结算凭证，如表 1-15～表 1-17 所示。

表 1-15

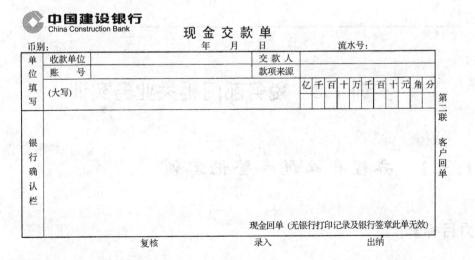

表 1-16

中国建设银行 银行汇(本)票申请书

币别：　　　　　　　　　年　月　日　　　流水号：

业务类型	□银行汇票	□银行本票	付款方式	□转账	□现金
申请人			收款人		
账号			账号		
用途			代理付款行		

金额（大写）　　　　　　　　　　　　　　亿千百十万千百十元角分

客户签章

会计主管　　　授权　　　复核　　　录入

第三联 客户回单

表 1-17

中国建设银行 电汇凭证

币别：　　　　　　　　　年　月　日　　　流水号：

汇款方式	□普通	□加急		
汇款人 全称		收款人 全称	
账号		账号	
汇出行名称		汇入行名称	

金额（大写）　　　　　　　　　　　　　　亿千百十万千百十元角分

支付密码
附加信息及用途：

客户签章

会计主管　　　授权　　　复核　　　录入

第二联 客户回单

实训 1.3　税务部门相关业务实训

1.3.1　办理开业税务登记实训

【能力目标】

(1)能够进行新办企业的开业税务登记。

(2)能够进行增值税一般纳税人申请登记。
(3)熟悉办理发票的领购申请及发票的领购业务。
(4)熟悉办理纳税申报业务。

【任务描述】

(1)准备开业税务登记所需的资料,填写开业登记税务登记表。
(2)办理发票的领购申请。
(3)领购发票。
(4)办理纳税申报。

【实训资料】

一、基本情况

2013年6月1日,由韩东江、宋立民、李童三人,拟定组建祥瑞板材机械厂,总投资100万元,出资情况:股东韩东江(210202195811127891)出资55万,占55%股份;股东宋立民(210204196803268381)出资25万,占25%股份;股东李童(210203196410025321)出资20万,占20%股份。

企业名称:大连祥瑞板材机械有限公司
企业类型:有限责任公司
法人代表:韩东江(经理),宋立民(副经理)
企业住址:大连市中山区桃源街128号(承租房屋)
电话、邮编:0411-86265697,116014
注册资金:100万,全部以货币资金入账
验资账户:中国建设银行大连中山支行
经营范围:半自动木工截锯、多锯片木工圆锯。
财务主管:李童
会　　计:王丽红(兼办税员)
出　　纳:黄洪
职工总数:80人

二、办理开业税务登记

1. 办理程序

为方便纳税人办理业务,进入税务局页面,可进行"税务预登记":纳税人凭组织机构代码或身份证号码登录,按要求提交登记申请信息后,等待税务机关审理。对于登记预审通过的纳税人,可以携带相关证件到联合登记机构正式办理登记业务。

从事生产、经营的纳税人应当自领取营业执照之日起30日内,持有关证件向生产、经营地或纳税义务发生地的主管税务机关申报办理税务登记,税务机关审核后发给税务登记证件。

2013年7月28日到大连市行政大厦办税大厅办理税务登记,办理税务登记所需资料如下:

(1)营业执照副本及复印件;

(2)有关章程、合同、协议书;

(3)银行账号证明;

(4)法定代表人身份证及复印件。

办理开业登记需要填制税务登记相关表,如表1-18~表1-20所示。

表1-18

税务登记表

纳税人识别号															

(适用单位纳税人)

纳税人名称 _____

地税管理码 _____

填 表 须 知

一、期限

从事生产、经营的纳税人应当自领取营业执照,或者自有关部门批准设立之日起30日内,或者自纳税义务发生之日起30日内,到税务机关领取税务登记表,填写完整后提交税务机关,办理税务登记。

二、应提供的证件及资料

1.工商行政管理机关核发的营业执照原件及其复印件(A4复印纸一式二份,纳税人须逐页签字加盖公章,并注明"与原件相符"字样,同一证件资料如页数较多,可仅在首页注明"与原件相符"字样并签字加盖公章,同时骑缝加盖公章。下同)。

2.注册地址及生产、经营地址证明(产权证明、租赁协议)原件及其复印件;如为自有房产,请提供产权证或买卖契约等合法的产权证明原件及其复印件;如为租赁的场所,请提供租赁协议原件及其复印件和《房屋租赁登记备案表》原件,出租人为自然人的还须提供产权证明的复印件;如生产、经营地址与注册地址不一致,请分别提供相应证明。

3.组织机构代码证原件及其复印件。

4.有关合同、章程、协议书复印件。

5.法定代表人(负责人)身份证、护照或其他证明身份的合法证件原件及其复印件(复印件分别粘贴在税务登记表的相应位置上)。

6.纳税人跨省(市)设立的分支机构办理税务登记时,还须提供总机构的税务登记证(国、地税)副本复印件;纳税人在大连市行政区划范围内设立的分支机构办理税务登记时,不需提供总机构的税务登记证(国、地税)副本复印件(纳税人须在税务登记表总机构栏次准确填写总机构登记信息)。

7.改组改制企业还须提供有关改组改制的批文原件及其复印件。

8.外商投资企业还需提供商务部门批复设立证书原件及其复印件。

三、法律责任

《中华人民共和国税收征收管理法》第六十条规定:对未按照规定的期限办理税务登记、变更或者注销登记的,由税务机关责令限期改正,可以处以二千元以下的罚款;情节严重的,处以二千元以上一万元以下的罚款。

纳税人不办理税务登记的,由税务机关责令限期改正,逾期不改正的,经税务机关提请,由工商行政管理机关吊销营业执照。

纳税人未按规定使用税务登记证件,或者转借、涂改、损毁、买卖、伪造税务登记证件的,处以二千元以上一万元以下的罚款;情节严重的,处以一万元以上五万元以下的罚款。

四、说明

1. 税务登记表须加盖申请单位的公章和法定代表人(负责人)印章;
2. 税务登记表应用蓝黑色钢笔或碳素笔填写,并使用标准用语(不允许复写);
3. 本表一式二份,国、地税主管税务机关各一份,纳税人如需要可增加一份。

纳税人声明

我声明:此税务登记表是根据《中华人民共和国税收征收管理法》和有关法律、法规的规定填报的,我确保它是真实、可靠、完整的。如有不实,愿承担由此产生的一切法律责任。

法定代表人或负责人或受授权人(签章):

年　　月　　日

填 表 说 明

一、本表适用于各类单位纳税人填用。

二、表中有关栏目的填写说明:

1."纳税人名称"栏:指《企业法人营业执照》或《营业执照》或有关核准执业证书上的"名称"。

2."身份证件名称"栏:一般填写"居民身份证",如无身份证,则填写"军官证"、"士兵证"、"护照"等有效身份证件。

3."生产经营期限"栏:按照工商营业执照或有关执业证书上的生产经营期限填写。如:年月日至年月日或长期等。

4."开业(设立)日期"栏:指企业实际投产经营(含试生产、试营业)日期填写,尚未投资经营的可按计划日期填写,并予注明。

5."注册地址"栏:指工商营业执照或其他有关核准开业证照上的地址。

6."生产经营地址"栏:指纳税人从事生产经营的实际场所地址。

7."国籍或地址"栏:外国投资者填国籍,中国投资者填地址。

8."登记注册类型"栏:即经济类型,按营业执照的内容填写;不需要领取营业执照的,选择"非企业单位"或者"港、澳、台商企业常驻代表机构及其他"、"外国企业";如为分支机构,按总机构的经济类型填写。

分类标准:

110 国有企业,120 集体企业,130 股份合作企业,141 国有联营企业,142 集体联营企业,143 国有与集体联营企业,149 其他联营企业,151 国有独资公司,159 其他有限责任公司,160 股份有限公司,171 私营独资企业,172私营合伙企业,173私营有限责任公司,174私营股份有限公司,175个人独资企业,190其他内资企业,210(港、澳、台商)合资经营企业,220(港、澳、台商)合作经营企业,230(港、澳、台商)独资经营企业,240港、澳、台商投资股份有限公司,251(港、澳、台商)企业常驻代表机构,252(港、澳、台商)提供劳务承包工程作业企业,253支付单位扣缴预提所得税企业(港、澳、台资),254(港、澳、台商)国际运输企业,259其他港、澳、台商外国企业,310中外合资经营企业,320中外合作经营企业,330外资企业,340外商投资股份有限公司,351外国企业常驻代表机构,352提供劳务、承包工程作业企业,353支付单位扣缴预提所得税企业,354国际运输企业,359其他外国企业,500非企业单位。

9."投资方经济性质"栏:单位投资的,按其登记注册类型填写;个人投资的,填写自然人。

10."证件种类"栏:单位投资的,填写其组织机构代码证;个人投资的,填写其身份证件名称。

11."国标行业"栏:按纳税人从事生产经营主行业的主次顺序填写,其中:第一个行业填写纳税人的主行业。

国民经济行业分类标准(GB/T 4754—2002)。

A. 农、林、牧、渔业

01农业,02林业,03畜牧业,04渔业,05农、林、牧、渔服务业。

B. 采矿业

06煤炭开采和洗选业,07石油和天然气开采业,08黑色金属矿采选业,09有色金属矿采选业,10非金属矿采选业,11其他采矿业。

C. 制造业

13农副食品加工业,14食品制造业,15饮料制造业,16烟草制品业,17纺织业,18纺织服装、鞋、帽制造业,19皮革、毛皮、羽毛(绒)及其制品业,20木材加工及木、竹、藤、棕、草制品业,21家具制造业,22造纸及纸制品业,23印刷业和记录媒介的复制,24文教体育用品制造业,25石油加工、炼焦及核燃料加工业,26化学原料及化学制品制造业,27医药制造业,28化学纤维制造业,29橡胶制品业,30塑料制品业,31非金属矿物制品业,32黑色金属冶炼及压延加工业,33有色金属冶炼及压延加工业,34金属制品业,35通用设备制造业,36专用设备制造业,37交通运输设备制造业,39电气机械及器材制造业,40通信设备、计算机及其他电子设备制造业,41仪器仪表及文化、办公用机械制造业,42工艺品及其他制造业,43废弃资源和废旧材料回收加工业。

D. 电力、燃气及水的生产和供应业

44电力、热力的生产和供应业,45燃气生产和供应业,46水的生产和供应业。

E. 建筑业

47房屋和土木工程建筑业,48建筑安装业,49建筑装饰业,50其他建筑业。

F. 交通运输、仓储和邮政业

51铁路运输业,52道路运输业,53城市公共交通业,54水上运输业,55航空运输业,56管道运输业,57装卸搬运及其他运输服务业,58仓储业,59邮政业。

G. 信息传输、计算机服务和软件业

60电信和其他信息传输服务业,61计算机服务业,62软件业。

H. 批发和零售业

63批发业,65零售业。

I. 住宿和餐饮业

66住宿业,67餐饮业。

J.金融业

68银行业,69证券业,70保险业,71其他金融活动。

K.房地产业

72房地产业。

L.租赁和商务服务业

73租赁业,74商务服务业。

M.科学研究、技术服务和地质勘查业

75研究与试验发展,76专业技术服务业,77科技交流和推广服务业,78地质勘查业。

N.水利、环境和公共设施管理业

79水利管理业,80环境管理业,81公共设施管理业。

O.居民服务和其他服务业

82居民服务业,83其他服务业。

P.教育

84教育。

Q.卫生、社会保障和社会福利业

85卫生,86社会保障业,87社会福利业。

R.文化、体育和娱乐业

88新闻出版业,89广播、电视、电影和音像业,90文化艺术业,91体育,92娱乐业。

S.公共管理与社会组织

93中国共产党机关,94国家机构,95人民政协和民主党派,96群众社团、社会团体和宗教组织,97基层群众自治组织。

T.国际组织

98国际组织。

12."分支机构"是指：企业设立的非法人单位的下属支公司。

13."原所得税征收机关"：是指重新设立税务登记纳税人的原企业所得税管辖税务机关。

税务登记表

(适用单位纳税人)

填表日期：年　月　日

纳税人名称			纳税人识别号	
登记注册类型			组织机构代码	
工商机关名称			工商发照日期	
批准设立机关			批准设立证明或文件号	
开业(设立)日期		证照名称		
证照号码		生产经营期限		
注册地址		邮政编码		联系电话

生产经营地址			邮政编码		联系电话	
核算方式	请选择对应项目打"√"□ 独立核算　□非独立核算				从业人数___	其中外籍人数___
单位性质	请选择对应项目打"√"□企业　□事业单位　□社会团体　□民办非企业单位　□其他					
网站网址			国标行业	□□　□□　□□　□□		
适用会计制度	请选择对应项目打"√" □企业会计制度　□小企业会计制度　□金融企业会计制度　□行政事业单位会计制度					

经营范围：
主营：
兼营：

请将法定代表人（负责人）身份证件复印件粘贴在此处。

内容＼项目 联系人	姓名	身份证件		固定电话	移动电话	国籍	电子邮箱
		种类	号码				
法定代表(负责)人							
财务负责人							
办税人							
税务代理人名称		纳税人识别号		联系电话		电子邮箱	
注册资本或投资总额		币种	金额	币种	金额	币种	金额

投资方名称	投资方经济性质	投资方式	投资比例	证件种类	证件号码	国籍或地址

自然人投资比例		外资投资比例		国有投资比例		

分支机构	分支机构名称	生产经营地址	纳税人识别号	负责人	电话

总机构	总机构名称			纳税人识别号			
	注册地址			经营范围			
	法定代表人姓名		联系电话		邮政编码		主管税务机关

代扣代缴代收代缴税款业务情况	代扣代缴、代收代缴税款业务内容	代扣代缴、代收代缴税种

原企业所得税征收机关		新办登记原因：□重组、分立、改制、合并 □地址变更

附列资料：

经办人签章：	法定代表人(负责人)签章：	纳税人公章：
年　月　日	年　月　日	年　月　日

以下由税务机关填写：

纳税人所处街乡(镇)				隶属关系	
国税主管税务局		国税主管税务所(科)		是否属于国税、地税共管户	
地税主管税务局		地税主管税务所(科)			

核发《税务登记证副本》数量：　　本	受理日期：　　年　月　日
核准日期：　　年　月　日	发证日期：　　年　月　日
经办人(签章)：	税务登记机关登记专用章：

注：纳税人状态：登记注册类型为(港、澳、台商)合资经营企业、(港、澳、台商)合作经营企业、(港、澳、台商)独资经营公司、(港、澳、台商)投资股份有限公司、中外合资经营企业、中外合作经营企业、外资企业、外商投资股份有限公司的纳税人办理设立税务登记时，工商营业执照经营范围中明确为筹建期的，纳税人状态为"筹建期"，其他均为"开业"。

表 1-19

税务登记附表

(适用单位纳税人、个体经营、临时税务登记纳税人)

表中主要内容如下：
(1)纳税人存款账户账号报告表

经营地址							
银行开户登记证号			发证日期		年　月　日		
账号性质	开户银行	账号	开户时间	变更时间	注销时间	是否是缴税账号	备注

注：1.账户性质按照基本账户、一般账户、专用账户、临时账户如实填写。
　　2.缴税账户应在是否是缴税账号填写"是"。

(2)财务会计制度及核算软件备案报告书

资　料	名　称	备　注
1.财务、会计制度		
2.低值易耗品摊销方法		
3.折旧方法		
4.成本核算方法		
5.会计核算软件		版本号
6.开发商名称		
7.会计报表		

表 1-20

增值税一般纳税人申请认定表

纳税人识别号：□□□□□□□□□□□□□□□

企业编码：□□□□□□□

纳税人名称： 　　　　　　　　　　　　　　　　　　申请时间：　　年　月　日

联系电话		企业类别	
年度实际销售额或年度预计销售额	生产货物的销售额		
	加工、修理修配的销售额		
	批发、零售的销售额		
	应税销售额合计		
	固定资产规模		
会计财务核算情况	专业财务人员		
	设置账簿种类		
	能否准确核算进项税、销项税额		
申请核发税务登记证副本数量		经批准核发数量	
主管税务机关意见： （公章） 经办人： 负责人： 　　　　年　月　日		上级税务机关： （公章） 经办人： 负责人： 　　　　年　月　日	

2. 税务部门审理后在规定时间发给税务登记证正、副本各一份

税务登记证副本如表 1-21 所示。

表 1-21

税 务 登 记 证 （副本） 大国.地税 字 210456211580086 纳 税 人 名 称：大连祥瑞板材机械有限公司 法定代表人（负责人）：韩东江 住　　　　　　所：大连市中山区桃源街128号 登 记 注 册 类 型：有限责任公司 经 营 范 围：半自动木工截锯、多锯片木工圆锯。 批 准 设 立 机 关：大连市工商行政管理局 扣 缴 义 务：依法确定 发 证 税 务 机 关 2013 年 8 月 18 日	总机构情况 （由分支机构填写）	
	名　　称	
	纳税人识别号	
	地　　址	
	经营范围	
	分支机构设置 （由总机构填写）	
	名　　称 地　　址	
	名　　称 地　　址	

1.3.2 发票的领购与开具业务实训

【能力目标】

会办理普通发票、增值税专用发票的领购事务，开具适用普通发票和增值税专用发票。

【任务描述】

（1）填写普通发票领购簿申请审批表，模拟领购普通发票。
（2）填写增值税专用发票领购簿申请书，模拟进行领购增值税专用发票。
（3）填写增值税普通发票，填写增值税专用发票。

【实训资料】

(一)祥瑞板材机械有限公司申请发票相关资料

种类:增值税普通发票、增值税专用发票

用量:增值税普通发票每月 5 份,每次领购 5 份;专用发票每月 10 份,每次领购 10 份。

税务登记证:(纳税人识别号 210456211580086)

(二)办理相关业务

(1)办理发票普通发票领购簿申请,如表 1-22~表 1-23 所示。

表 1-22

发票领购申请书

纳税人名称		纳税人代码	
地址			
经营范围		注册类型	
法定代表人		财务负责人	
身份证号码		联系电话	
申请理由: （公章） 经办人: 法定代表人: 年　月　日		发票种类(名称)	发票数量
税务机关填写			
受理人(审核人):		收到日期:　年　月　日	

大连市地方税务局制

注:1.此表在申请领购发票资格和新增领购发票种类时使用。

　　2.纳税人需提交的材料:《工商营业执照》(副本)、《税务登记证》(副本)、经办人身份证(复印件)、财务印章或发票专用章印模。

　　3.本申请书一式一份,纳税人申请提交主管地方税务机关。

表 1-23

发 票 领 购 单

申请购票日期：　　　　　　　　　　　　　　　　　　　　　　　　　　　　年　月　日

纳税人名称		联系电话	
纳税人识别号		税务管理号	
购票员姓名		有效证件	
证件号码：			

纳税人申请交验发票信息					
发票种类名称	联次	数量（本/组）	发票起号	发票止号	开具金额（元）	税额（辅导期）

税务机关发票交验人员意见：

　　　　　　　　　　　　　　　　　　　签字：　　　　　　　　年　月　日

纳税人申请领购发票信息			
发票种类名称	联次	最高开票限额	数量（本/组）

纳税人声明：以上均以企业实际经营情况为依据填写，内容真实、准确如有不实，愿意承担由此产生的一切法律责任。

　　　　　　　　　　法定代表人或负责人　　　　　　　财务印章或
　　　　　　　　　　或受授权人(签章)：　　　　　　　发票专用章：

发票窗口审批信息		
发票种类名称	联次	数量（本/组）

税源管理部门意见	发票发售人员意见	办税服务厅负责人意见	主管局长意见
签字： 　　年　月　日	签字： 　　年　月　日	签字： 　　年　月　日	签字： 　　年　月　日

注：税务机关相关部门、人员的审批意见应按工作流程中规定的审批权限进行审批。

模块一 会计从业相关外部业务实训

(三) 2013年12月1日,发生相关业务

(1)向永利家具厂销售半自动木工截锯两台,每台售价78 950元,税率17%。填开增值税专用发票。

(永利家具厂纳税人识别号:210308961580191,地址及电话:大连市沙河口区杨树沟86号 0411-86542890;开户行及账号:工商银行沙河口分理处,账号:6453000000788923123)。货已运出,收到支票存入银行。填开增值税专用发票。如表1-24~1-26所示。

表 1-24

大连增值税专用发票

2100082170

发 票 联　　№ 00752107

开票日期：

供货单位	名　　称：			密码区	6346-82795//1<5---4190/<871/8**/+><1<96*363 804/9>577673127413*53><*-0<5*26/4/7599>>6+	加密版本：01 2100082170 00762107
	纳税人识别号：					
	地　址、电话：					
	开户行及账号：					

货物或应税劳务名称	规格型号	单位	数量	单价	金　额	税率	税额
合　计							

价税合计（大写）		（小写）

销货单位	名　　称：	备注
	纳税人识别号：	
	地　址、电话：	
	开户行及账号：	

国税函[2007]232号北京印物厂

第三联 发票联 购货方扣税凭证

(2)向情缘旅社销售板材复合地板80平方，每平方60元，填开普通发票。如表1-25～表1-26所示。

情缘旅社地址、电话：大连市甘井子山东路28号；0411-82665798

纳 税 识 别 号：210211740823809

开 户 银 行 及 账 号：大连中信实业银行甘井子分行

表 1-25

大连增值税普通发票

2102084208

记 账 联　　№ 0010269

开票日期：

购货单位	名　　称：			密码区	6709-46/728847+581* 加 密 本： 010101+20+0892696_786718711706-+81 515255*8211731^^5 4087380+5302_-2354-*****+++100000 256999800000125++ +-----**
	纳税人识别号：				
	地　址、电话：				
	开户行及账号：				

货物或应税劳务名称	规格型号	单位	数量	单价	金　额	税率	税额
合　计							

价税合计（大写）		（小写）

销货单位	名　　称：	备注
	纳税人识别号：	
	地　址、电话：	
	开户行及账号：	

第一联：记账联 销方记账凭证

收款人：　　复核：　　开票人：　　销货单位：（章）

表 1-26

大连增值税普通发票

2102084208

发 票 联

№ 0010269

开票日期：

购货单位	名　　　称： 纳税人识别号： 地　址、电　话： 开户行及账号：						密码区	6709-46/728847+58 1*加密版本： 010101+20+0892696 _786718711706-+81 515255*8211731^^5 4087380+5302_-235 4-******+++100000 256999800000125++ +-----**	
货物或应税劳务名称	规格型号	单位	数量	单价	金额		税率	税额	
合计									
价税合计 （大写）						（小写）			
销货单位	名　　　称： 纳税人识别号： 地　址、电　话： 开户行及账号：						备注		
收款人：		复核：		开票人：		销货单位：（章）			

第二联：发票联　购货方记账凭证

1.3.3 纳税申报业务实训

【能力目标】

(1) 熟知纳税申报基本业务流程。
(2) 熟悉填制增值税纳税申报表流程。
(3) 熟悉填制增值税纳税申报表附列资料。
(4) 了解所得税纳税申报表填制业务。

【任务描述】

根据祥瑞板材机械有限公司 2013 年有关购销业务的资料，完成下列任务。
(1) 编制增值税纳税申报表，如表 1-27 所示。
(2) 编制增值税纳税申报表相关附表一，如表 1-28 所示。
(3) 编制增值税纳税申报表相关附表二，如表 1-29 所示。

【实训资料】

目前,纳税人和扣缴义务人纳税主要有直接申报(上门申报)、邮寄申报、数据电文申报等方式。

采用直接申报(上门申报)纳税人,应在规定的申报期限内,到主管税务机关办税服务厅申报纳税窗口办理纳税申报,报送《纳税申报表》及附表(一式两份)、会计报表及税务机关要求的其他资料(一式一份)。

直接申报流程图,如图1-1所示。

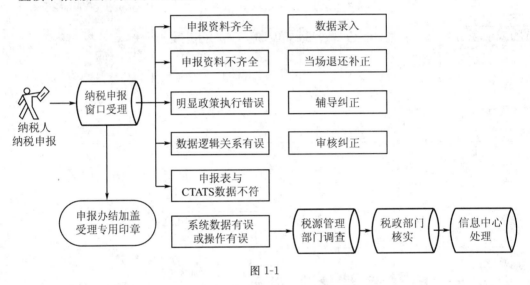

图 1-1

采用"网络申报缴税"方式的纳税人,应在申报期限内自行登录网络申报系统申报。申报成功的,应在税款缴纳期限内执行"划税"。申报不成功的,应按系统提示进行修正。在税款缴纳期限内解决的,应自行执行"划税";在税款缴纳期限内未解决的,应到主管税务机关进行直接申报。有下列情形之一的,纳税人应到主管税务机关上门申报:第一,逾期办理纳税申报的;第二,纳税人在网上或电话完成申报后,又发现错误须补充或修订的;第三,缴纳查补、评估税款和滞纳金、罚款(不包括评估);第四,税务机关规定的其他情形。

纳税人采用"网络(电话)申报缴税"方式办理纳税申报的,应于每半年终了后三十日内将相关纸质资料(A4)签字盖章后,报送主管税务机关办税服务大厅申报纳税窗口。

祥瑞板材机械有限公司2013年1月份发生下列有关购销业务:

(1)购进材料一批,发票列示:金额50 000元,税额8 500元。材料已经验收入库,款项用支票支付。

(2)销售A产品一批,金额100 000元,税额17 000元,货已经发出,收到支票,送存银行。

(3)购进不需要安装设备一台,发票金额60 000元,税额10 200元,款项用存款支付。

(4)购进甲材料,金额50 000元,税额8 500元,用银行汇票支付。

(5)以转账支票委托加工包装箱的加工费3 000元,增值税510元。

(6)购进乙材料计价款28 000元,增值税为4 760元,运费3 500元,取得运输专用发票。

(7)以自产甲产品进行投资,经确认按公允价进行投资,公允价为80 000元,增值税率17%。
(8)购入润滑油300 kg,每千克单价45元,计价款12 000元,税款2 040元,款项用转账支票支付。
(9)购入一辆运货大卡车金额120 800元,增值税额21 760元。用转账支票支付,已交付运输部门使用
(10)出售设备原值200 000元,已提折旧50 000元。双方协商作价180 000元,税率17%。
(11)销售B产品一批,增值税专用发票载明金额250 000元,增值税42 500元。
(12)销售不需用的材料一批,金额15 000元,税额2 550元。
(13)销售A产品金额68 500元,销售B产品金额85 600元,税率17%。

【实训要求】

(1)计算本月销售额。
(2)计算本月增值税进项税。
(3)计算本期增值税的销项税额。
(4)填制各种纳税申报表。(见表1-27～表1-30)

表 1-27

增值税纳税申报表
(适用于增值税一般纳税人)

根据《中华人民共和国增值税暂行条例》第二十二条和第二十三条的规定制定本表。纳税人不论有无销售额,均应按主管税务机关核定的纳税期限按期填报本表,并于次月一日起十日内,向当地税务机关申报。

税款所属时间:自 年 月 日至 年 月 日　　　　填表日期: 年 月 日　　　　　　　　　　金额单位:元至角分

纳税人识别号					所属行业		
纳税人名称		(公章)	法定代表人姓名		注册地址		营业地址
开户银行及帐号			企业登记注册类型				电话号码

	项 目	栏次	一般货物及劳务		即征即退货物及劳务	
			本月数	本年累计	本月数	本年累计
销售额	(一)按适用税率征税货物及劳务销售额	1				
	其中:应税货物销售额	2				
	应税劳务销售额	3				
	纳税检查调整的销售额	4				
	(二)按简易征收办法征税货物销售额	5				
	其中:纳税检查调整的销售额	6				
	(三)免、抵、退办法出口货物销售额	7			——	——
	(四)免税货物及劳务销售额	8			——	——
	其中:免税货物销售额	9			——	——
	免税劳务销售额	10			——	——
税款计算	销项税额	11				
	进项税额	12				
	上期留抵税额	13			——	——
	进项税额转出	14				
	免抵退货物应退税额	15				
	按适用税率计算的纳税检查应补缴税额	16				
	应抵扣税额合计	17=12+13-14-15+16				
	实际抵扣税额	18(如17<11,则为17,否则为11)				
	应纳税额	19=11-18				
	期末留抵税额	20=17-18			——	——
	简易征收办法计算的应纳税额	21				
	按简易征收办法计算的纳税检查应补缴税额	22				
	应纳税额减征额	23				
	应纳税额合计	24=19+21-23				
税款缴纳	期初未缴税额(多缴为负数)	25				
	实收出口开具专用缴款书退税额	26			——	——
	本期已缴税额	27=28+29+30+31				
	①分次预缴税额	28				
	②出口开具专用缴款书预缴税额	29			——	——
	③本期缴纳上期应纳税额	30				
	④本期缴纳欠缴税额	31				
	期末未缴税额(多缴为负数)	32=24+25+26-27				
	其中:欠缴税额(≥0)	33=25+26-27				
	本期应补(退)税额	34=24-28-29				
	即征即退实际退税额	35	——	——		
	期初未缴查补税额	36				
	本期入库查补税额	37				
	期末未缴查补税额	38=16+22+36-37				

授权声明	如果你已委托代理人申报,请填写下列资料: 为代理一切税务事宜,现授权　　　　　　(地址)　　　　　　为本纳税人的代理申报人,任何与本申报表有关的往来文件,都可寄予此人。 授权人签字:	申报人声明	此纳税申报表是根据《中华人民共和国增值税暂行条例》的规定填报的,我相信它是真实的、可靠的、完整的。 声明人签字:

表1-28

增值税纳税申报表附列资料（附表一）

（本期销售情况明细）

纳税人名称：（公章）　　　税款所属时间：　年　月　日　　　填表日期：　年　月　日　　　金额单位：元至角分

一、按适用税率征收增值税货物及劳务的销售额和销项税额明细

项目	栏次	17%税率 应税货物			13%税率 应税货物			应税劳务			小计		
		份数	销售额	销项税额	份数	销售额	销项税额	份数	销售额	销项税额	份数	销售额	销项税额
防伪税控系统开具的增值税专用发票	1												
非防伪税控系统开具的增值税专用发票	2												
开具普通发票	3												
未开具发票	4							—	—	—			
小计	5=1+2+3+4												
纳税检查调整	6							—	—	—			
合计	7=5+6												

二、简易征收办法征收增值税货物的销售额和应纳税额明细

项目	栏次	6%征收率 应税货物			4%征收率 应税货物			应税劳务			小计		
		份数	销售额	应纳税额	份数	销售额	应纳税额	份数	销售额	应纳税额	份数	销售额	应纳税额
防伪税控系统开具的增值税专用发票	8							—	—	—			
非防伪税控系统开具的增值税专用发票	9							—	—	—			
开具普通发票	10							—	—	—			
未开具发票	11							—	—	—			
小计	12=8+9+10+11							—	—	—			
纳税检查调整	13							—	—	—			
合计	14=12+13							—	—	—			

三、免征增值税货物及劳务销售额明细

项目	栏次	免税货物			免税劳务			小计		
		份数	销售额	税额	份数	销售额	税额	份数	销售额	税额
防伪税控系统开具的增值税专用发票	15				—	—	—			
开具普通发票	16									
未开具发票	17				—	—	—			
合计	18=15+16+17									

表 1-29

增值税纳税申报表（适用于小规模纳税人）（附表二）

纳税人识别号：□□□□□□□□□□□□□□□

纳税人名称（公章）：　　　金额单位：元（列至角分）

税款所属期：　年　月　日至　年　月　日　　　填表日期：　年　月　日

	项　目	栏次	本期数	本年累计
一、计税依据	（一）应征增值税货物及劳务不含税销售额	1		
	其中：税务机关代开的增值税专用发票不含税销售额	2		
	税控器具开具的普通发票不含税销售额	3		
	（二）销售使用过的应税固定资产不含税销售额	4		
	其中：税控器具开具的普通发票不含税销售额	5		
	（三）免税货物及劳务销售额	6		
	其中：税控器具开具的普通发票销售额	7		
	（四）出口免税货物销售额	8		
	其中：税控器具开具的普通发票销售额	9		
	本期应纳税额	10		
	本期应纳税额减征额	11		
	应纳税额合计	12＝10－11		
二、税款计算	本期预缴税额	13		
	本期应补（退）税额	14＝12－13		

纳税人或代理人声明：此纳税申报表是根据国家税收法律的规定填报的，我确定它是真实的、可靠的、完整的	如纳税人填报，由纳税人填写以下各栏：	
	办税人员（签章）：	财务负责人（签章）：
	法定代表人（签章）：	联系电话：
	如委托代理人填报，由代理人填写以下各栏：	
	代理人名称：	经办人（签章）：
	代理人（公章）：	联系电话：

受理人：　　　　受理日期：　年　月　日　　　受理税务机关（签章）：

本表为 A4 竖式一式三份，一份纳税人留存，一份主管税务机关留存、一份征收部门留存。

增值税纳税申报表(适用于小规模纳税人)
填表说明

一、本申报表适用于增值税小规模纳税人(以下简称纳税人)填报。纳税人销售使用过的固定资产、销售免税货物或提供免税劳务的,也使用本表。

二、具体项目填写说明:

(一)本表"税款所属期"是指纳税人申报的增值税应纳税额的所属时间,应填写具体的起止年、月、日。

(二)本表"纳税人识别号"栏,填写税务机关为纳税人确认的识别号,即税务登记证号码。

(三)本表"纳税人名称"栏,填写纳税人单位名称全称,不得填写简称。

(四)本表第1项"应征增值税货物及劳务不含税销售额"栏数据,填写应征增值税货物及劳务的不含税销售额,不包含销售使用过的固定资产应征增值税的不含税销售额、免税货物及劳务销售额、出口免税货物销售额、稽查查补销售额。

(五)本表第2项"税务机关代开的增值税专用发票不含税销售额"栏数据,填写税务机关代开的增值税专用发票的销售额合计。

(六)本表第3项"税控器具开具的普通发票不含税销售额"栏数据,填写税控器具开具的应征增值税货物及劳务的普通发票金额换算的不含税销售额。

(七)本表第4项"销售使用过的应税固定资产不含税销售额"栏数据,填写销售使用过的、固定资产目录中所列的、售价超过原值的应按照4%征收率减半征收增值税的应税固定资产的不含税销售额。

(八)本表第5项"税控器具开具的普通发票不含税销售额"栏数据,填写税控器具开具的销售使用过的应税固定资产的普通发票金额换算的不含税销售额。

(九)本表第6项"免税货物及劳务销售额"栏数据,填写销售免征增值税货物及劳务的销售额,包括销售使用过的、固定资产目录中所列的、售价未超过原值的固定资产的销售额。

(十)本表第7项"税控器具开具的普通发票销售额"栏数据,填写税控器具开具的销售免征增值税货物及劳务的普通发票金额。

(十一)本表第8项"出口免税货物销售额"栏数据,填写出口免税货物的销售额。

(十二)本表第9项"税控器具开具的普通发票销售额"栏数据,填写税控器具开具的出口免税货物的普通发票金额。

(十三)本表第10项"本期应纳税额"栏数据,填写本期按征收率计算缴纳的应纳税额。

(十四)本表第11项"本期应纳税额减征额"栏数据,填写数据是根据相关的增值税优惠政策计算的应纳税额减征额。

(十五)本表第13项"本期预缴税额"栏数据,填写纳税人本期预缴的增值税额,但不包括稽查补缴的应纳增值税额。

表 1-30

企业所得税
年度纳税申报表
（A类）

（所属年度：   ）

企业名称(盖章)：＿＿＿＿＿＿＿＿＿＿

填 报 日 期：＿＿＿＿＿＿＿＿＿＿

中华人民共和国企业所得税年度纳税申报表(A类)

税款所属期间：　　　年　　月　　日至　　　年　　月　　日

纳税人名称：

纳税人识别号：☐☐☐☐☐☐☐☐☐☐☐☐☐　　　　　　　　金额单位:元(列至角分)

类别	行次	项目	金额
利润总额计算	1	一、营业收入(填附表一)	
	2	减:营业成本(填附表二)	
	3	营业税金及附加	
	4	销售费用(填附表二)	
	5	管理费用(填附表二)	
	6	财务费用(填附表二)	
	7	资产减值损失	
	8	加:公允价值变动收益	
	9	投资收益	
	10	二、营业利润(1－2－3－4－5－6－7＋8＋9)	
	11	加:营业外收入(填附表一)	
	12	减:营业外支出(填附表二)	
	13	三、利润总额(10＋11－12)	

	14	加:纳税调整增加额(填附表三)	
	15	减:纳税调整减少额(填附表三)	
	16	其中:不征税收入	
	17	免税收入	
应纳税所得额计算	18	减计收入	
	19	减、免税项目所得	
	20	加计扣除	
	21	抵扣应纳税所得额	
	22	加:境外应税所得弥补境内亏损	
	23	纳税调整后所得(13+14-15-19-21+22)	
	24	减:弥补以前年度亏损(填附表四)	
	25	应纳税所得额(23-24)	
应纳税额计算	26	税率(25%)	
	27	应纳所得税额(25×26)	
	28	减:减免所得税额(填附表五)	
	29	减:抵免所得税额(填附表五)	
	30	应纳税额(27-28-29)	
	31	加:境外所得应纳所得税额(填附表六)	
	32	减:境外所得抵免所得税额(填附表六)	
	33	实际应纳所得税额(30+31-32)	
	34	减:本年累计实际已预缴的所得税额	
	35	其中:汇总纳税的总机构分摊预缴的税额	
	36	汇总纳税的总机构财政调库预缴的税额	
	37	汇总纳税的总机构所属分支机构分摊的预缴税额	
	37-1	其中:本市总机构所属本市分支机构分摊的预缴税额	
	38	合并纳税(母子体制)成员企业就地预缴比例	
	39	合并纳税企业就地预缴的所得税额	
	40	本年应补(退)的所得税额(33-34)	
附列资料	41	以前年度多缴的所得税额在本年抵减额	
	42	以前年度应缴未缴在本年入库所得税额	

谨声明:此纳税申报表是根据《中华人民共和国企业所得税法》、《中华人民共和国企业所得税法实施条例》和国家有关税收规定填报的,是真实的、可靠的、完整的。

法定代表人(签字):　　　　　　　　　　　　　　　　　　年　月　日

纳税人公章：	代理申报中介机构公章：	主管税务机关受理专用章：
经办人：	经办人及执业证件号码：	受理人：
申报日期： 年 月 日	代理申报日期： 年 月 日	受理日期： 年 月 日

有关项目填报说明：

1."税款所属期间"：正常经营的纳税人，填报公历当年1月1日至12月31日；纳税人年度中间开业的，填报实际生产经营之日的当月1日至同年12月31日；纳税人年度中间发生合并、分立、破产、停业等情况的，填报公历当年1月1日至实际停业或法院裁定并宣告破产之日的当月月末；纳税人年度中间开业且年度中间又发生合并、分立、破产、停业等情况的，填报实际生产经营之日的当月1日至实际停业或法院裁定并宣告破产之日的当月月末。

2."纳税人识别号"：填报税务机关统一核发的税务登记证号码。

3."纳税人名称"：填报税务登记证所载纳税人的全称。

模块二 会计岗位模拟实训

实训 2.1 出纳岗位实训

【能力目标】

(1)熟练填制支票,使用财务印鉴。
(2)熟练进行其他空白原始凭证的填制与审核。
(3)熟练进行记账凭证的填制和审核。
(4)熟练进行日记账的登记。
(5)熟练进行银行存款核对并编制银行存款余额调节表。
(6)了解汇总记账凭证会计核算组织形式。

【任务描述】

要求学生以出纳员的角色,完成下列会计工作。
(1)填制空白原始凭证,若填制支票需加盖预留银行印鉴。
(2)审核原始凭证、编制相关的记账凭证。
(3)根据收付款凭证登记日记账。
(4)根据银行对账单核对银行日记账,并编制银行存款余额调节表。
(5)填制汇总收付款凭证。

【实训内容】

一、企业基本情况

企业名称:大连祥瑞板材机械有限公司
企业类型:有限责任公司
法人代表:韩东江(经理),宋立民(副经理)
企业住址:大连市中山区桃源街128号

电话、邮编:0411-86265697,116014
开户银行:中国建设银行大连中山支行
账　　号:21201501200053012700
纳税人识别号:210456211580086
经营范围:半自动木工截锯、多锯片木工圆锯
财务主管:李童
会　　计:王丽红(兼办税员)
出　　纳:黄洪
职工总数:80人
货币资金账户2013年9月初余额如下:
　库存现金账户借方:3 000元。
　银行存款账户借方:105 800元。

二、该企业2013年9月份发生下列有关货币资金收付业务

(1)9月1日从银行提取现金20 000元备用。会计凭证如表2-1～表2-3所示。

表2-1

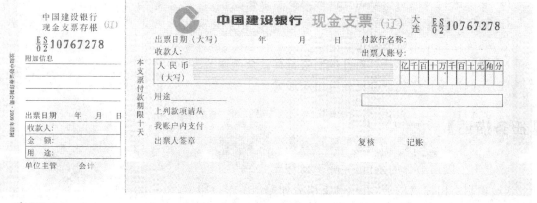

表2-2

现金支票背面

表 2-3

付 款 凭 证

贷方科目：　　　　　　　　　　　年　月　日　　　　　　　　　　字第　　号

摘 要	借 方 科 目		金 额								
	总账科目	明细科目	百	十	万	千	百	十	元	角	分
附单据　　张	合　　计										

会计主管　　　　　复核　　　　　记账　　　　　出纳　　　　　制单

(2)9月2日采购员刘明出差预借差旅费4 000元，以现金付讫。会计凭证如表2-4～表2-5所示。

表 2-4

借　款　单（记账）

年　月　日　　　　顺序第　　号

借款单位	*	姓名	*	级别		出差地点	*
						天数	*
事由	*			借款金额	*人民币（大写）		¥
单位负责人签署		结余金额超支金额			注意事项	1.有 *为借款人填写 2.凡借用公款必须使用本单据 3.第三联为正式借据由借款人和单位负责人签章 4.出差返回后三日内结算	

表 2-5

付 款 凭 证

货方科目：　　　　　　　　　　年　月　日　　　　　　　　　　字第　号

摘　要	借　方　科　目		金　　　额								
	总账科目	明细科目	百	十	万	千	百	十	元	角	分
附单据　　　张	合　　计										

会计主管　　　　复核　　　　　　记账　　　　　　出纳　　　　　　制单

(3) 9 月 6 日签发转账支票金额 12 000 元，支付大连鑫友贸易公司加油费（鑫友贸易公地址、电话：大连西岗区长兴街 69 号、86325788；开户行：工行西岗支行，账号：3400210129124259761；纳税人识别号：210212604809851）。会计凭证如表 2-6～表 2-8 所示。

表 2-6

表 2-7

2102084208

大连增值税普通发票

记 账 联

№

开票日期：

购货单位	名　　　称：						密码区	略
	纳税人识别号：							
	地　址、电　话：							
	开户行及账号：							
货物或应税劳名称	规格型号	单 位	数 量	单 价	金　　额	税率	税　额
合　　　　计							
价税合计 （大写）				（小写）			
销货单位	名　　　称：						备注	
	纳税人识别号：							
	地　址、电　话：							
	开户行及账号：							

收款人：　　　　复核：　　　　　开票人：　　　　销货单位：（章）

第二联：发票联 购货方记账凭证

表 2-8

付 款 凭 证

贷方科目：　　　　　　　　　　　年　　月　　日　　　　　　　　　　字第　　号

摘　　要	借方科目		金　　额								
	总账科目	明细科目	百	十	万	千	百	十	元	角	分
附单据　　张	合　　计										

会计主管　　　　复核：　　　　　记账　　　　　　出纳　　　　　制单

(4) 9 月 8 日上缴上个月应交的增值税 17 400 元。会计凭证如表 2-9～表 2-10 所示。

表 2-9

中华人民共和国
税 收 转 账 专 用 完 税 凭 证

电子申报

(20091) 大国转：0019073

填发日期：　　年　月　日

缴款单位（人）	代　　码		征收机关			第一联（收据）国库（银行）收款盖章后退缴款单位（人）作完税凭证
	全　　称		征收国库			
	隶属关系		预算科目	编　码		
	注册类型			名　称		
	开户银行			级　次		
	账　　号		税款所属时期 年 月 日至 年 月 日			

税　种	品目名称	计税金额或销售收入	税率或单位税额	已缴或扣除额	实缴税额

金额合计	（大写）				
税务机关（盖章）	缴款银行（章）	上列款项已收妥并划转收款单位账户		备注：	
经办人（章）	经办人（章）	国库（银行）盖章　年　月　日			

收款单位如需对外提供纳税凭证时，可到当地国税征收机关加盖"征收专用章"。无银行收讫章无效。

表 2-10

付 款 凭 证

贷方科目：　　　　　　　　　　年　月　日　　　　　　　　　　　　字第　号

摘　要	借方科目		金　额								
	总账科目	明细科目	百	十	万	千	百	十	元	角	分
附单据　　　　张	合　计										

会计主管　　　　　　复核　　　　　　　　记账　　　　　　出纳　　　　　　制单

(5)9月10日采购员刘明出差回来报销差旅费,余款退回。出差:2号大连(13:00)到沈阳(16:00);10号沈阳(8:00)到大连(11:00),车费单程187元,住宿每天180元,补助每天80元。会计凭证如表2-11~表2-13所示。

表 2-11

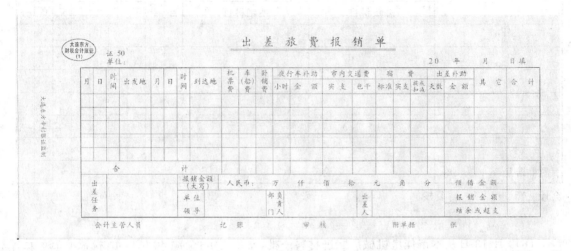

表 2-12

转 账 凭 证

年　月　日　　　　　　　　　字第　号

摘要	总账科目	明细科目	借方									贷方									记账
			百	十	万	千	百	十	元	角	分	百	十	万	千	百	十	元	角	分	
合 计	（附件　　张）																				

会计主管　　　　　　复核　　　　　　记账　　　　　　出纳　　　　　　制单

表 2-13

收 款 凭 证

借方科目：　　　　　　　　　　　年　月　日　　　　　　　　　　　字第　号

摘　要	贷方科目		金　额								
	总账科目	明细科目	百	十	万	千	百	十	元	角	分
附单据　　张	合　　计										

会计主管　　　　　复核　　　　　　　记账　　　　　　出纳　　　　　　制单

(6) 9月13日从本市佳星机械厂购进材料一批，发票列示：金额30 000元，税额5 100元。材料已经验收入库，款项用支票支付。(佳星厂地址、电话：甘井区新华路105号、86863958；纳税人识别号210001238975441；开户行：工商银行新华路支行；账号689002647561251)会计凭证如表2-14～表2-17所示。

表 2-14

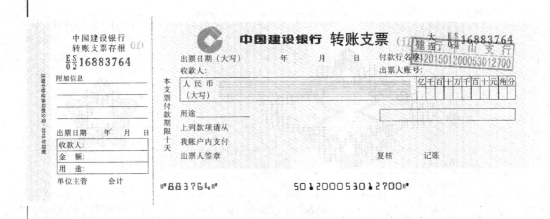

表 2-15

大连增值税专用发票
抵 扣 联

2100054208　　　　　　　　　　　　　　　　　　№

开票日期：

购货单位	名　　称： 纳税人识别号： 地　址、电　话： 开户行及账号：					密码区	略		
货物或应税劳名称	规格型号	单 位	数 量	单 价	金　额		税率	税 额	
合　　　　计									
价税合计 （大写）					（小写）				
销货单位	名　　称： 纳税人识别号： 地　址、电　话： 开户行及账号：					备注			

收款人：　　复核：　　开票人：　　销货单位：（章）

第二联：抵扣联　购货方扣税凭证

表 2-16

大连增值税专用发票
发 票 联

2100054208　　　　　　　　　　　　　　　　　　№

开票日期：

购货单位	名　　称： 纳税人识别号： 地　址、电　话： 开户行及账号：					密码区	略		
货物或应税劳名称	规格型号	单 位	数 量	单 价	金　额		税率	税 额	
合　　　　计									
价税合计 （大写）					（小写）				
销货单位	名　　称： 纳税人识别号： 地　址、电　话： 开户行及账号：					备注			

收款人：　　复核：　　开票人：　　销货单位：（章）

第三联：发票联　购货方记账凭证

表 2-17

付 款 凭 证

贷方科目：　　　　　　　　　　　年　月　日　　　　　　　　　　字第　号

摘　要	借 方 科 目		金　额									
	总账科目	明细科目	百	十	万	千	百	十	元	角	分
附单据　　张		合　计									

会计主管　　　　复核　　　　　　记账　　　　　　出纳　　　　　　制单

(7) 9 月 14 日向光达工厂销售 A 产品 2 台，金额 96 400 元，税额 16 388 元，货已经发出，收到支票，送存银行。（光达工厂地址、电话：沙河口区富民路 159 号、0411-86863579；开户行：建设银行沙河口支行；账号：12309856748931；纳税人识别号 36780009854112）会计凭证如表 2-18～表 2-21 所示。

表 2-18

大连增值税专用发票

2100054135　　此联不做报销、扣税凭证使用　　№

开票日期：

购货单位	名　称：						密码区	略		第一联：记账联　销货方记账凭证
	纳税人识别号：									
	地址、电话：									
	开户行及账号：									
货物或应税劳名称	规格型号	单位	数量	单价	金　额		税率	税额		
合　计										
价税合计（大写）					（小写）					
销货单位	名　称：						备注			
	纳税人识别号：									
	地址、电话：									
	开户行及账号：									

收款人：　　　复核：　　　　开票人：　　　销货单位：（章）

表 2-19

转账支票背面

附加信息：	被背书人
	背书人签章 年　月　日

表 2-20

中国建设银行 China Construction Bank

进 账 单 （回 单）　1

年　月　日

出票人	全　称		收款人	全　称		亿千百十万千百十元角分
	账　号			账　号		
	开户银行			开户银行		
金额	人民币 （大写）					
票据种类		票据张数				
票据号码						
	复核　　　记账			开户银行签章		

此联是开户银行交给持票人的回单

表 2-21

收 款 凭 证

借方科目：　　　　　　　　　　　年　月　日　　　　　　　　　　　字第　号

摘 要	贷 方 科 目		金 额								
	总账科目	明细科目	百	十	万	千	百	十	元	角	分
附单据　　张	合　　计										

会计主管　　　　　复核　　　　　　记账　　　　　　出纳　　　　　　制单

(8) 9月16日从银行购进现金支票一本，转账支票一本共支付款项52元。其中：工本费50元，手续费2元。会计凭证如表2-22～表2-23所示。

表 2-22

中国建设银行 China Construction Bank　　业 务 收 费 凭 证　　NO: 3509197

币别：　　　　　　　　　　　年　月　日　　　　　流水号：

付款人			账号			
项目名称	工本费	手续费	电子汇划费		金 额	
金额（大写）						
付款方式						

第二联　客户回单

会计主管　　　　　授权　　　　　　复核　　　　　　录入

表 2-23

付 款 凭 证

贷方科目：　　　　　　　　　　　年　月　日　　　　　　　　　　　字第　号

摘　要	借　方　科　目		金　额								
	总账科目	明细科目	百	十	万	千	百	十	元	角	分
附单据　　　　张	合　　　　计										

会计主管　　　　复核　　　　　　记账　　　　　出纳　　　　制单

(9) 9月17日委托银行签发银行汇票金额100 000元，从锦华钢管厂购进钢管。（锦华钢管厂地址：辽宁葫芦岛市连山街128号；开户银行：建行锦分；账号：2100130020112119；纳税人识别号：211465910000）会计凭证如表2-24～表2-25所示。

表 2-24

中国建设银行 China Construction Bank

银行汇(本)票申请书

币别：　　　　　　　　　年　月　日　　　　　流水号：

业务类型	□银行汇票		□银行本票	付款方式	□转账				□现金			
申 请 人				收 款 人								
账　号				账　号								
用　途				代理付款行								
金额	(大写)				亿	千	百	十	万	千	百	十	元	角	分
				客户签章								

第三联　客户回单

会计主管　　　　授权　　　　　　复核　　　　　录入

表 2-25

付 款 凭 证

贷方科目：　　　　　　　　　　年　月　日　　　　　　　　　　字第　号

摘　要	借方科目		金　额								
	总账科目	明细科目	百	十	万	千	百	十	元	角	分
附单据　　张	合　计										

会计主管　　　　复核　　　　　记账　　　　　出纳　　　　　制单

(10) 9 月 20 日收到银行收账通知,大明家具厂所欠货款 585 000 元收托入账。(大明家具厂开户行:招商银行华南广场支行;账号:213008799345514)。会计凭证如表 2-26~表 2~27 所示。

表 2-26

托 收 凭 证 （汇款依据或收账通知）　　4

委托日期　年　月　日　　付款期限　年　月　日

业务类型	委托收款(□邮划、□电划)			托收承付(□邮划、□电划)			
付款人	全称			收款人	全称		
	账号				账号		
	地址	省 市县	开户行		地址	省 市县	开户行
金额	人民币(大写)			亿千百十万千百十元角分			
款项内容		托收凭据名称			附寄单证张数		
商品发运情况				合同名称号码			
备注：		上列款项已划回收入你方账户内。					
		收款人开户银行签章					
		年　月　日					
复核　　记账							

此联付款人开户行凭以汇款或收款人开户银行作收账通知

表 2-27

收 款 凭 证

借方科目：　　　　　　　　　　　　年　月　日　　　　　　　　　　　　字第　号

摘 要	贷方科目		金额								
	总账科目	明细科目	百	十	万	千	百	十	元	角	分
附单据　　张	合　计										

会计主管　　　　复核　　　　　　记账　　　　　　出纳　　　　　　制单

（11）9月27从京杨机械厂购进不需要安装设备一台，发票金额60 000元，税额10 200元，款项用存款支付。（京杨机械厂地址、电话：大连市沙河口区太原街198号、0411-84659881；开户行：工商银行太原街支行；账号：3400409778640000015；纳税识别号：210125894536118）会计凭证如表2-28～表2-31所示。

表 2-28

大连增值税专用发票

2102094331　　　　　　抵　扣　联　　　　　№

开票日期：

购货单位	名　　称：						密码区	略		
	纳税人识别号：									
	地　址、电　话：									
	开户行及账号：									
货物或应税劳名称	规格型号	单位	数量	单价	金额		税率	税额		
合　　计										
价税合计（大写）				（小写）						
销货单位	名　　称：						备注			
	纳税人识别号：									
	地　址、电　话：									
	开户行及账号：									

收款人：　　　　复核：　　　　开票人：　　　　销货单位：（章）

第二联：扣税联　购货方扣税凭证

表 2-29

大连增值税专用发票

2102094331

发 票 联　　　　　　　　　№

开票日期：

购货单位	名　　称：	密码区	略	第三联：发票联 购货方记账凭证
	纳税人识别号：			
	地 址、电 话：			
	开户行及账号：			

货物或应税劳名称	规格型号	单位	数量	单　价	金　额	税率	税　额
合　　　计							

价税合计（大写）	（小写）

销货单位	名　　称：	备注
	纳税人识别号：	
	地 址、电 话：	
	开户行及账号：	

收款人：　　　复核：　　　开票人：　　　销货单位：（章）

表 2-30

中国建设银行 转账支票存根 ES02 16883766

附加信息

出票日期　年　月　日
收款人：
金　额：
用　途：
单位主管　　会计

中国建设银行 转账支票 大连 ES02 16883766
21201501200053012700

出票日期（大写）　年　月　日　　付款行名称：
收款人：　　　　　　　　　　　　出票人账号：
人民币（大写）　　　　　　　　　亿千百十万千百十元角分

用途：
上列款项请从我账户内支付
本支票付款期限十天
出票人签章　　　　　　复核　　记账

‖883766‖　　　501200053012700‖

表 2-31

付 款 凭 证

贷方科目：　　　　　　　　　　　年　月　日　　　　　　　　　　　　　字第　号

摘　要	借方科目		金　额								
	总账科目	明细科目	百	十	万	千	百	十	元	角	分
附单据　　　张	合　计										

会计主管　　　　　复核　　　　　　记账　　　　　　出纳　　　　　　制单

(12) 9 月 27 收到转账支票一张金额 58 500 元，是大连长陵家具所欠货款，送存银行。
（大连长陵家具开户行：建设银行甘井支行，账号：89652431256446）会计凭证如表 2-32～表 2-34 所示。

表 2-32

转账支票背面

附加信息：	被背书人
	背书人签章 　年　月　日

表 2-33

中国建设银行 进 账 单 （回 单） 1

年　月　日

出票人	全称		收款人	全称	
	账号			账号	
	开户银行			开户银行	
金额	人民币（大写）			亿千百十万千百十元角分	
票据种类		票据张数			
票据号码					

复核　　记账　　　　　　　开户银行签章

此联是开户银行交给持票人的回单

表 2-34

收 款 凭 证

借方科目：　　　　　　年　月　日　　　　　　字第　号

摘　要	贷　方　科　目		金　额								
	总账科目	明细科目	百	十	万	千	百	十	元	角	分
附单据　　张	合　计										

会计主管　　　　复核　　　　　记账　　　　　出纳　　　　　制单

(13) 9月27日从锦华钢管厂购货，金额50 000元，税额8 500元，用银行汇票支付，货在途。（钢管厂地址、电话：葫芦岛市连山街128号、0429-3698723；开户银行：中国建设银行锦华分理处；账号2100130020112119；税务登记号：211465910000）会计凭证如表2-35～表2-37所示。

表 2-35

辽宁省增值税专用发票
抵 扣 联

2100054132　　　　　　　　　　　　　　　　　№

开票日期：

购货单位	名　　称： 纳税人识别号： 地　址、电　话： 开户行及账号：						密码区	略	
货物或应税劳名称	规格型号	单位	数量	单价	金额		税率	税额	
合　　　　计									
价税合计（大写）					（小写）				
销货单位	名　　称： 纳税人识别号： 地　址、电　话： 开户行及账号：						备注		

收款人：　　　复核：　　　开票人：　　　销货单位：（章）

第二联：扣税联　购货方扣税凭证

表 2-36

辽宁省增值税专用发票
发 票 联

2100054132　　　　　　　　　　　　　　　　　№

开票日期：

购货单位	名　　称： 纳税人识别号： 地　址、电　话： 开户行及账号：						密码区	略	
货物或应税劳名称	规格型号	单位	数量	单价	金额		税率	税额	
合　　　　计									
价税合计（大写）					（小写）				
销货单位	名　　称： 纳税人识别号： 地　址、电　话： 开户行及账号：						备注		

收款人：　　　复核：　　　开票人：　　　销货单位：（章）

第三联：发票联　购货方记账凭证

表 2-37

转 账 凭 证

年　月　日　　　　　　　　　　　　　　　　　　　　字第　号

摘要	总账科目	明细科目	借方									贷方									记账
			百	十	万	千	百	十	元	角	分	百	十	万	千	百	十	元	角	分	
合计	（附件　张）																				

会计主管　　　　　复核　　　　　　记账　　　　　　出纳　　　　　　制单

(14) 9月28日报销办公室主任市内交通费1 500元。会计凭证如表2-38和表2-39所示。

表 2-38

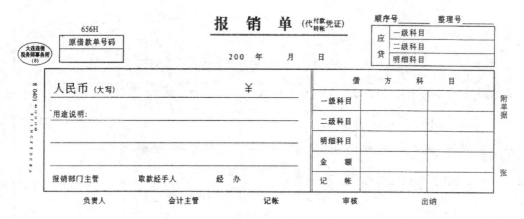

表 2-39

付 款 凭 证

贷方科目：　　　　　　　　　　　年　月　日　　　　　　　　　　　字第　号

摘　要	借方科目		金　额								
	总账科目	明细科目	百	十	万	千	百	十	元	角	分
附单据　　张	合　计										

会计主管　　　　　复核　　　　　　记账　　　　　　出纳　　　　　　制单

(15) 9月28日用现金1 250元支付电话费。会计凭证如表2-40和表2-41所示。

表 2-40

辽宁省大连市邮电通信专用发票

发 票 联

发票代码：221025001245

年　月　日　　　　　发票号码：10082451

付款单位名称：

项目	单位	数量	单价	金　　额						
				万	千	百	十	元	角	分
合　计	（大写）									

收款单位（盖章有效）：　　　　　收款人：　　　　　　开票人：

表 2-41

付 款 凭 证

贷方科目：　　　　　　　　　　　　年　月　日　　　　　　　　　　　字第　号

摘　要	借　方　科　目		金　额								
	总账科目	明细科目	百	十	万	千	百	十	元	角	分
附单据　　　张	合　计										

会计主管　　　　　复核　　　　　　记账　　　　　　出纳　　　　　　制单

(16) 9 月 29 日收到中国建设银行转来银行汇票余款退回通知单，是从锦华钢管厂购货的余款。会计凭证如表 2-42 和表 2-43 所示。

表 2-42

付款期一个月

中国建设银行　（多余款 收账通知）　4　AB084236 第　号

银 行 汇 票

签发日期　　年　月　日　　兑付地点：　　　兑付行：　　　行号：

此联签发行结清后交汇款人

收款人：　　　　　　　　　账号或住址：

汇款金额人民币（大写）：

实际结算金额	人民币（大写）	千	百	十	万	千	百	十	元	角	分

汇款人：＿＿＿＿＿　　账号或住址：＿＿＿＿＿

签发行：＿＿＿＿　行号：＿＿＿

汇款用途：＿＿＿＿＿

签发行盖章：　年　月

多 余 金 额									
百	十	万	千	百	十	元	角	分	日

左列退回多余金额已收入你账户内。

财务主管　　　复核　　　记账

表 2-43

收 款 凭 证

借方科目：　　　　　　　　　　　　　年　月　日　　　　　　　　　　　　字第　号

摘　要	贷　方　科　目		金　额									
	总账科目	明细科目	百	十	万	千	百	十	元	角	分
附单据　　张	合　　　计											

会计主管　　　　复核　　　　　　记账　　　　　　出纳　　　　　　制单

(17) 9 月 29 将现金 2 000 元送存银行。会计凭证如表 2-44 和表 2-45 所示。

表 2-44

表 2-45

付 款 凭 证

贷方科目：　　　　　　　　　　年　月　日　　　　　　　　　字第　号

摘 要	借 方 科 目		金 额									
	总账科目	明细科目	百	十	万	千	百	十	元	角	分
附单据　　张	合　　计											

会计主管　　　复核　　　记账　　　出纳　　　制单

(18) 9 月 30 日委托银行汇款 35 100 元，支付前欠鞍山大享电机有限公司购货款。（鞍山大享有限公司账号：689230001256；地址：鞍山市）会计凭证如表 2-46 和表 2-47 所示。

表 2-46

中国建设银行 China Construction Bank

电 汇 凭 证

币别：　　　　　　　　　　年　月　日　　　　　流水号：

	汇款方式	□普通　　□加急												
汇款人	全 称		收款人	全 称										
	账 号			账 号										
	汇出行名称			汇入行名称										
金额	(大写)				亿	千	百	十	万	千	百	十	元	角	分
		支付密码												
		附加信息及用途：												
											客户签章			

第二联　客户回单

会计主管　　　授权　　　复核　　　录入

表 2-47

付 款 凭 证

贷方科目：　　　　　　　　　　年　月　日　　　　　　　　　　字第　号

摘 要	借 方 科 目		金 额								
	总账科目	明细科目	百	十	万	千	百	十	元	角	分
附单据　　张	合　　计										

会计主管　　　　　复核　　　　　　记账　　　　　　出纳　　　　　制单

(19) 9月30日报销企业职工的培训费总额1 050元，其中：资料费120元，证费10元，培训费920元。会计凭证如表2-48和表2-49所示。

表 2-48

辽宁省行政事业性收费统一收据

辽财政监字第001-10号

　　年　月　日

收款单位或姓名			缴款方式						
收 费 项 目	数量	收费标准	金　额						
			千	百	十	元	角	分	
金额（大写）			拾　万　仟　佰　拾　元　角　分						

收款单位（盖章）：　　　　　　　　　　　　收款人：

表 2-49

付 款 凭 证

贷方科目：　　　　　　　　　年　月　日　　　　　　　字第　号

摘　要	借　方　科　目		金　额								
	总账科目	明细科目	百	十	万	千	百	十	元	角	分
附单据　　　张	合　　计										

会计主管　　　　　复核　　　　　记账　　　　　出纳　　　　　制单

(20)根据企业9月1日—9月30日所编制的会计凭证,登记现金日记账、银行存款日记账；根据银行对账单,进行银行存款日记账的核对,如表2-50～表2-53所示。

表 2-50

现金日记账

年 月 日	凭证号	摘要	对方科目	借方 千百十万千百十元角分	贷方 千百十万千百十元角分	核对号	余额 千百十万千百十元角分

表 2-51

银行存款日记账

5-2A

年 月 日	凭证号	摘要	对方科目	结算种类	结算凭证号	借方 千百十万千百十元角分	贷方 千百十万千百十元角分	核对号	余额 千百十万千百十元角分

表 2-52

中国建设银行中山支行对账单
2013 年 9 月份

年		摘 要	结算凭证		借方	贷方	余额
月	日		种类	编号			
9	1	期初余额					105 800
	1	提取现金	现支	略	2 000		
	6	支付广告费	转支		12 000		
	10	购买材料	转支		35 100	58 500	
	26	销售产品	委收				
	16	购买支票	转账		52		
	17	办理银行汇票	银汇		100 000	585 000	
	20	收到销货款	转账				
	26	购进设备	转支		71 770		
	28	支付水电费	委收		12 900	41 500	
	28	收回汇票余款	汇票				
	29	存现	送款单			2 000	
	29	支付电话费	委收		4 500		
	29	收妥销货款	委收			6 800	
	30	支付购货款	委收		40 100		
	30	本月合计			278 422	693 800	521 178
		本年累计			略	略	略

表 2-53

银行存款余额调整表

20 年 月 日

单位账面存款余额							银行账面存款余额						
加:银行已收单位未收			减:银行已付单位未付			加:单位已收银行未收			减:单位已付银行未付					
月日	摘要	金额	月日	摘要	金额	月日	摘要	金额	月日	摘要	金额			

调整后的存款余额　　　　　　　　　　　　　调整后的存款余额

注:此表每月最少调整一次

会计主管人员　　　　　　　审核　　　　　　　出纳员

(21)将本月所有业务填制汇总记账凭证,并登记库存现金和银行存款总账,如表2-54~表2-59所示。

表 2-54

汇总收款凭证

借方账户：　　　　　　　　　　　年　月　　　　　　　　　汇收字：　　号

贷方账户	金　额				总账页数	
	1—10日付款凭证	11—20日付款凭证	21—31日付款凭证	合计	借方	贷方
合计						

表 2-55

汇总收款凭证

借方账户：　　　　　　　　　　年　　月　　　　　　　　　汇收字：　　号

贷方账户	金　额				总账页数	
	1—10日付款凭证	11—20日付款凭证	21—31日付款凭证	合　计	借　方	贷　方
合　计						

表 2-56

汇总付款凭证

贷方账户：　　　　　　　　　　年　　月　　　　　　　　　汇付字：　　号

借方账户	金　额				总账页数	
	1—10日收款凭证	11—20日收款凭证	21—31日收款凭证	合　计	借　方	贷　方
合　计						

表 2-57

汇总付款凭证

贷方账户：　　　　　　　　　　　　年　月　　　　　　　　　　汇付字：　号

借方账户	金　额				总账页数	
	1—10日收款凭证	11—20日收款凭证	21—31日收款凭证	合　计	借　方	贷　方
合　计						

表 2-58

总 账

会计科目 库存现金

年		凭证号	摘要	借方									贷方									核对号	借或贷	余 额								
月	日			十	万	千	百	十	元	角	分		十	万	千	百	十	元	角	分				十	万	千	百	十	元	角	分

表 2-59

总 账

会计科目　银行存款

年		凭证号	摘要	借方									贷方									核对号	借或贷	余额								
月	日			十	万	千	百	十	元	角	分		十	万	千	百	十	元	角	分				十	万	千	百	十	元	角	分

实训 2.2　存货岗位实训

【能力目标】

(1)熟悉存货的管理及核算的方法。
(2)能够根据存货收发、增减等内容填制空白的原始凭证。
(3)按照有关规定审核原始凭证。
(4)能够根据审核后的原始凭证编制记账凭证。
(5)熟悉材料成本差异明细账和总账的格式及登记。
(6)熟悉原材料明细账和总账的格式及登记。

【任务描述】

要求学生以存货会计的角色,完成下列会计工作。
(1)根据经济业务的内容填制空白原始凭证。
(2)审核原始凭证。
(3)编制记账凭证。
(4)月末计算结转发出材料成本差异额。
(5)月末登记材料成本差异明细账和总账。
(6)月末登记原材料明细账和总账。
(7)思考材料采购明细账应使用何种格式。

【实训资料】

一、企业基本情况

企业名称:大连祥瑞板材机械有限公司
企业类型:有限责任公司
法人代表:韩东江(经理),宋立民(副经理)
企业住址:大连市中山区桃源街128号
电话、邮编:0411-86265697、116014
开户银行:中国建设银行大连中山支行
账　　号:21201501200053012700
纳税人识别号:210456211580086
经营范围:生产半自动木工截锯、多锯片木工圆锯

财务主管：李童
会　　计：王丽红（兼办税员）
出　　纳：黄洪
职工总数：80人
企业存货中只有原材料采用计划成本核算，其他采用实际成本核算。

二、2013年10月1日有关材料结存明细情况（见表2-60～表2-62）

表2-60

原材料明细账

编号	项目	名称	计量单位	库存数量	单位成本	金额
0021	原料及主要材料	圆钢 生铁	吨 吨	30 25	3 000 1 400	90 000 35 000
0022	燃料	原煤 焦碳	吨 吨	30 20	300 600	9 000 12 000
0023	辅助材料	油漆 润滑油	公斤 公斤	400 400	25 53	10 000 21 200
0024	包装材料	木材	立方米	40	600	24 000
合计						201 200

表2-61

材料采购明细账

2013年		供货单位	材料名称	计量单位	发票数量	实收数量	实际成本			计划成本		材料成本差异	
月	日						发票价格	运杂费	合计	单价	金额	超支	节约
		大连钢厂	圆钢	吨	40		128 000	4 000	132 000				
		鞍钢公司	生铁	吨	50		65 000	3 000	68 000				
		合计					193 000	7 000	200 000				

表 2-62

材料成本差异明细账

二级科目	2013 年 9 月 30 日期末余额		
	计划成本	差异额	差异率
原料及主要材料	125 000	2 500	2%
燃料	21 000	1 575	7.5%
辅助材料	31 200	780	2.5%
包装材料	24 000	600	2.5%
合计	201 200	6 405	

三、2013 年 10 月份发生的各项经济业务

(1) 10 月 1 日,领用一批原材料,会计凭证如表 2-63~表 2-65 所示。

表 2-63

原材料发出汇总表

2013 年 10 月 1 日

原材料名称	单位	单位成本	发出材料用途											合计数量
			A 产品		B 产品		基本生产车间		锅炉车间		机修车间		管理部门		
			数量	金额	数量	金额	数量	金额	数量	金额	数量	金额	数量	金额	
圆钢	吨	3 000	9		4		1				1				15
生铁	吨	1 400	10		6						2				18
原煤	吨	300	3		2				12		1		1		19
焦炭	吨	600	5		5				6		1				17
油漆	公斤	25	30		10		10		20		50		40		160
润滑油	公斤	53	50		60		10		50		25		5		200
合计															

表 2-64

转 账 凭 证

年　月　日　　　　　　　　　　　　　　　字第　号

摘要	总账科目	明细科目	借方									贷方									记账
			百	十	万	千	百	十	元	角	分	百	十	万	千	百	十	元	角	分	
合　计	（附件　张）																				

会计主管　　　　　复核　　　　　记账　　　　　出纳　　　　　制单

表 2-65

转 账 凭 证

年　月　日　　　　　　　　　　　　　　　字第　号

摘要	总账科目	明细科目	借方									贷方									记账
			百	十	万	千	百	十	元	角	分	百	十	万	千	百	十	元	角	分	
合　计	（附件　张）																				

会计主管　　　　　复核　　　　　记账　　　　　出纳　　　　　制单

(2)10月3日，9月25日从鞍钢公司采购的生铁50吨到货，经验收短缺2吨，48吨已验收入库，短缺的2吨，原因待查。(实际成本1 360元)会计凭证如表2-66～表2-69所示。

表 2-66

祥瑞机械厂原材料溢缺报告单

年　月　日　　　　　　　　　　　　　　　　　　　记账联

原材料名称	计量单位	单价	应收数		实收数		溢余		短缺		备注
			数量	余额	数量	余额	数量	余额	数量	余额	
生铁	吨	1360							2	2720	
合　计									2	2720	

原因分析：

审批意见：

单位（盖章）：　　　　财务科负责人：　　　　制表：

表 2-67

收 料 单

NO.

供货单位：_____
发票号码：_____　　　　　年　月　日　　　　收货仓库：_____

材料类别	名称及规格	计量单位	数　量		实际成本		计划成本		成本差异
			应收	实收	单价	金额	单价	金额	
合　计									

记账联

质量检验：　　　　　　　　收料：　　　　　　　　制单：

表 2-68

转 账 凭 证

年　月　日　　　　　　　　　　　　　　　字第　号

摘要	总账科目	明细科目	借方									贷方									记账
			百	十	万	千	百	十	元	角	分	百	十	万	千	百	十	元	角	分	
合　计	（附件　　张）																				

会计主管　　　　　　复核　　　　　　记账　　　　　　出纳　　　　　　制单

表 2-69

转 账 凭 证

年　月　日　　　　　　　　　　　　　　　字第　号

摘要	总账科目	明细科目	借方									贷方									记账
			百	十	万	千	百	十	元	角	分	百	十	万	千	百	十	元	角	分	
合　计	（附件　　张）																				

会计主管　　　　　　复核　　　　　　记账　　　　　　出纳　　　　　　制单

(3)10月6日，委托兴业木器加工厂加工包装箱，发出木材 10 m^3，单价 600 元，预计交货时间为 9 月 15 日。会计凭证如表 2-70～表 2-71 所示。

表 2-70

委托加工材料发料单

加工单位_____
加工合同_____　　　　　　　　　　年　月　日　　　　　　　　收料仓库_____

材料类别	名称及规格	计量单位	发出数量	计划单价	金额	记账联

质量检验：　　　　　　　仓库验收：　　　　　　　仓库保管：

表 2-71

转 账 凭 证

年　月　日　　　　　　　　　　　　　　　　　字第　号

摘要	总账科目	明细科目	借方 百十万千百十元角分	贷方 百十万千百十元角分	记账
合　计	（附件　张）				

会计主管　　　　复核　　　　　　记账　　　　　　出纳　　　　　　制单

(4)10 月 7 日，从大连钢铁厂采购的圆钢 40 吨运到，如数验收入库。会计凭证如表 2-72 和表 2-73 所示。

表 2-72

收 料 单

NO.

供货单位：_____
发票号码：_____　　　　　　　年　月　日　　　　　　　收货仓库：_____

材料类别	名称及规格	计量单位	数量 应收	数量 实收	实际成本 单价	实际成本 金额	计划成本 单价	计划成本 金额	成本差异	记账联
合　计										

质量检验：　　　　　　　　　　收料：　　　　　　　　　　制单：

表 2-73

转 账 凭 证

年　月　日　　　　　　　　　　　　　　　　　　　字第　号

摘　要	总账科目	明细科目	借　方									贷　方									记账
			百	十	万	千	百	十	元	角	分	百	十	万	千	百	十	元	角	分	
合　计　（附件　张）																					

会计主管　　　　　复核　　　　　记账　　　　　出纳　　　　　制单

(5)10 月 13 日,已经查明上述从鞍钢公司采购的生铁短缺 2 吨,是属于供货方少发,责其补发,今收到货物入库。会计凭证如表 2-74 和表 2-75 所示。

表 2-74

收　料　单

　　　　　　　　　　　　　　　　　　　　　　　　　　　　NO.

供货单位：＿＿＿＿＿＿

发票号码：＿＿＿＿＿＿　　　　年　月　日　　　　收货仓库：＿＿＿＿＿＿

材料类别	名称及规格	计量单位	数　量		实际成本		计划成本		成本差异	记账联
			应收	实收	单价	金额	单价	金额		
合　计										

质量检验：　　　　　　　　　收料：　　　　　　　　制单：

表 2-75

转 账 凭 证

年　月　日　　　　　　　　　　　　　　　　　字第　号

摘要	总账科目	明细科目	借方 百十万千百十元角分	贷方 百十万千百十元角分	记账
合计	（附件　张）				

会计主管　　　　　　复核　　　　　　记账　　　　　　出纳　　　　　　制单

(6)10月15日，以转账支票支付10月6日兴业木器加工厂加工包装箱的加工费3 000元，增值税510元；加工完成包装箱30个如数验收入库。（兴业木器加工厂，开户银行：工商银行西岗支行，账号：3400201208900048628；纳税人识别号：210212734851527；地址、电话：西岗区鞍山路105号，0411-86245689）会计凭证如表2-76～表2-81所示。

表 2-76

大连增值税专用发票

2100053805　　　　　　　抵 扣 联　　　　　　№

开票日期：

购货单位	名　　称： 纳税人识别号： 地　址、电　话： 开户行及账号：	密码区	略	第二联：抵扣联　购货方扣税凭证
货物或应税劳名称 合　　计	规格型号	单位　数量　单价	金额　税率　税额	
价税合计 （大写）		（小写）		
销货单位	名　　称： 纳税人识别号： 地　址、电　话： 开户行及账号：	备注		

收款人：　　　复核：　　　开票人：　　　销货单位：（章）

表 2-77

大连增值税专用发票

2100053805　　　　　发 票 联　　　　　№

开票日期：

购货单位	名　　称：					密码区	略
	纳税人识别号：						
	地　址、电　话：						
	开户行及账号：						
货物或应税劳名称	规格型号	单位	数量	单价	金　额	税率	税　额
合　　计							
价税合计（大写）					（小写）		
销货单位	名　　称：					备注	
	纳税人识别号：						
	地　址、电　话：						
	开户行及账号：						

收款人：　　　复核：　　　开票人：　　　销货单位：（章）

第三联：发票联　购货方记账凭证

表 2-78

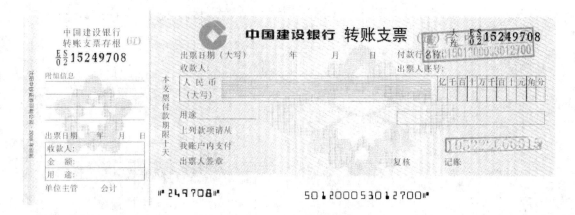

表 2-79

付 款 凭 证

贷方科目：　　　　　　　　　　　　　年　月　日　　　　　　　　　　　　　字第　号

摘 要	借 方 科 目		金 额								
	总账科目	明细科目	百	十	万	千	百	十	元	角	分
附单据　　　张	合　　计										

会计主管　　　　　复核　　　　　　　记账　　　　　　　出纳　　　　　　　制单

表 2-80

委托加工材料收料单

加工单位＿＿＿＿＿＿
加工合同＿＿＿＿＿＿　　　　　　　　　年　月　日　　　　　　　　收料仓库＿＿＿＿＿＿

材料类别	名称及规格	计量单位	发出数量	单　价	金　额	
						记账联

质量检验：　　　　　　　　仓库验收：　　　　　　　　仓库保管：

表 2-81

转 账 凭 证

年　月　日　　　　　　　　　　　　　　　　　　　　　　　　字第　号

摘 要	总账科目	明细科目	借　方									贷　方									记账
			百	十	万	千	百	十	元	角	分	百	十	万	千	百	十	元	角	分	
合　计	（附件　张）																				

会计主管　　　　　复核　　　　　　　记账　　　　　　　出纳　　　　　　　制单

(7)10月17日,以电汇方式支付企业上月所欠沈阳机械厂的购货款金额80 000元,税额13 600元。(沈阳机械厂开户银行:中国建设银行皇姑区分理处;账号:210101000369)会计凭证如表2-82和表2-83所示。

表2-82

中国建设银行 China Construction Bank			电 汇 凭 证				
币别:			年 月 日		流水号:		

汇款方式	□普通	□加急		
汇款人	全称		收款人	全称
	账号			账号
	汇出行名称			汇入行名称
金额	(大写)			亿千百十万千百十元角分

支付密码
附加信息及用途:

客户签章

会计主管   授权   复核   录入

第二联 客户回单

表2-83

付 款 凭 证

贷方科目: 年 月 日   字第 号

摘 要	借 方 科 目		金 额							
	总账科目	明细科目	百	十	万	千	百	十	元	角	分
附单据 张	合 计									

会计主管   复核   记账   出纳   制单

(8)10月20日,从抚顺煤炭交易市场苏家塔经销处,购进焦炭20吨,每吨645元,计价款12 900元,增值税为2 193元,焦炭由经销处委托抚顺德邦物流公司运输,运费1 500元,由经销处代垫。(抚顺经销处开户行:工商银行抚顺街沈抚北路支行;账号:6322280782581017787;纳税人识别号:325478987800123;地址、电话:抚顺市北镇街15号、电话0413-6663126;抚顺德邦物流公司的纳税识别号:210213724315423;主管税务机关抚顺城税务所,代码:210213489)。会计凭证如表2-84～表2-89所示。

表 2-84

大连增值税专用发票
抵 扣 联

2100067809　　　　　　　　　　　　　　　　　№

开票日期:

购货单位	名　　称: 纳税人识别号: 地　址、电　话: 开户行及账号:					密码区	略	
货物或应税劳名称	规格型号	单 位	数 量	单 价	金　额	税率	税　额
合　　　计							
价税合计 （大写）				（小写）			
销货单位	名　　称: 纳税人识别号: 地　址、电　话: 开户行及账号:					备 注	

收款人:　　　复核:　　　开票人:　　　销货单位:（章）

第二联:抵扣联　购货方扣税凭证

表 2-85

大连增值税专用发票
发 票 联

2100067809　　　　　　　　　　　　　　　　　№

开票日期:

购货单位	名　　称: 纳税人识别号: 地　址、电　话: 开户行及账号:					密码区	略	
货物或应税劳名称	规格型号	单 位	数 量	单 价	金　额	税率	税　额
合　　　计							
价税合计 （大写）				（小写）			
销货单位	名　　称: 纳税人识别号: 地　址、电　话: 开户行及账号:					备 注	

收款人:　　　复核:　　　开票人:　　　销货单位:（章）

第三联:发票联　购货方记账凭证

表 2-86

中国建设银行 China Construction Bank

电 汇 凭 证

币别：　　　　　　　　　年　月　日　　　流水号：

汇款人	汇款方式	□普通　□加急	收款人		
	全　称			全　称	
	账　号			账　号	
	汇出行名称			汇入行名称	
	金额（大写）		亿千百十万千百十元角分		

支付密码

附加信息及用途：

客户签章

会计主管　　　　授权　　　　复核　　　　录入

第二联　客户回单

表 2-87

公路、内河货物运输业统一发票

发票代码：24400071011

抵 扣 联

发票号码：00573141

机打代码	244000710011	税控码	6346-82795//1<5---4190/<871/8**/+><1<96*363 804/9>577673127413*53><*-0<5*26/4/7599>>6+
机打号码	00571531		
机器编码	8899000303887		
收货人及纳税人识别号		承运人及纳税人识别号	
付款人及纳税人识别号		主管税务机关及代码	
运输项目及金额		其他项目及金额	备注

收款人：　　复核：　　开票人：　　销货单位：（章）

第二联：抵扣联付款方扣税凭证（手写无效）

表 2-88

收 料 单

NO.

供货单位:_____
发票号码:_____　　　　　　　年　月　日　　　　　　收货仓库:_____

材料类别	名称及规格	计量单位	数量		实际成本		计划成本		成本差异	
			应收	实收	单价	金额	单价	金额		记账联
合　计										

质量检验:　　　　　　　收料:　　　　　　　制单:

表 2-89

付 款 凭 证

贷方科目:银行存款　　　　　　　年　月　日　　　　　　字第　号

摘　要	借　方　科　目		金　额							
	总账科目	明细科目	百	十	万	千	百	十	元	角	分
购买材料	在途物资	原煤			2	8	0	0	0	0	0
	应交税费	应交增值税(进项税额)				5	0	0	5	0	0
附单据　　张	合　计				3	3	0	0	5	0	0

会计主管　　　　　复核　　　　　记账　　　　　出纳　　　　　制单

(9)10月27日,以自产B产品5台,对永明公司进行投资,B产品单位成本为18 409.89元,经确认按公允价进行投资,公允价(单价)为42 650元,增值税率17%。(永明公司账号及开户银行:中信银行甘井子支行账号:68925555128915;纳税人识别号:210220219850227;地址:甘井子路77号)会计凭证如表2-90~表2-95所示。

表 2-90

投 资 协 议 书

年　月　日

投资单位		接受单位	
账号或地址		账号或地址	
开户银行		开户银行	
投资金额			
协议条款	经双方友好协商达成如下协议： 1、投资期限3年。 2、在投资期限内甲方不得抽回投资。 3、在投资期限内乙方保证甲方投资保值和增值。 4、在投资期限内乙方应按利润分配规定支付甲方利润。 5、未尽事宜另行商定。		
	甲方代表签字：　　　　　　　　　乙方代表签字：		

表 2-91

大连增值税专用发票
抵 扣 联

2100054029　　　　　　　　　　　　　№

开票日期：

购货单位	名　　称：	密码区	略
	纳税人识别号：		
	地　址、电　话：		
	开户行及账号：		

货物或应税劳名称	规格型号	单 位	数 量	单 价	金　额	税率	税 额
合　　计							

价税合计 （大写）	（小写）

销货单位	名　　称：	备注	
	纳税人识别号：		
	地　址、电　话：		
	开户行及账号：		

收款人：　　　复核：　　　开票人：　　　销货单位：（章）

第二联：抵扣联　购货方扣税凭证

表 2-92

大连增值税专用发票

2100054029

发 票 联

№

开票日期:

第三联:发票联 购货方记账凭证

购货单位	名　　称: 纳税人识别号: 地　址、电　话: 开户行及账号:				密码区	略	
货物或应税劳名称	规格型号	单 位	数 量	单 价	金　　额	税率	税　额
合　　　　计							
价税合计 (大写)				(小写)			
销货单位	名　　称: 纳税人识别号: 地　址、电　话: 开户行及账号:				备注		

收款人:　　　复核:　　　开票人:　　　销货单位:(章)

表 2-93

产 品 出 库 单

年　月　日

用途:　　　　　　　　　　　　　　　　　　　　　　凭证编号:

产成品库:

类别	编号	名称及规格	计量单位	数量	单位成本	总成本	附注:
合　计							

记账:　　　　　保管:　　　　　检验:　　　　　制单:

表 2-94

转 账 凭 证

年　月　日　　　　　　　　　　　　　字第　号

摘要	总账科目	明细科目	借方									贷方									记账
			百	十	万	千	百	十	元	角	分	百	十	万	千	百	十	元	角	分	
合　计	（附件　张）																				

会计主管　　　　复核　　　　　记账　　　　　出纳　　　　　制单

表 2-95

转 账 凭 证

年　月　日　　　　　　　　　　　　　字第　号

摘要	总账科目	明细科目	借方									贷方									记账
			百	十	万	千	百	十	元	角	分	百	十	万	千	百	十	元	角	分	
合　计	（附件　张）																				

会计主管　　　　复核　　　　　记账　　　　　出纳　　　　　制单

(10)10月28日，从金州化工厂购入润滑油300公斤，每公斤单价45元，计价款13 500元，税额2 295元。材料已验收入库。款项用转账支票支付。（金州化工厂开户行及账号：工商大李家支行，625800036911247；纳税识别号：210202454008；地址、电话：金州大李家，0411-86578958）会计凭证如表2-96～表2-100所示。

表 2-96

大连增值税专用发票
抵 扣 联

2100054216　　　　№

开票日期：

购货单位	名　　称： 纳税人识别号： 地　址、电　话： 开户行及账号：	密码区	略

货物或应税劳名称	规格型号	单　位	数　量	单　价	金　额	税率	税　额
合　　　计							

价税合计 （大写）		（小写）

销货单位	名　　称： 纳税人识别号： 地　址、电　话： 开户行及账号：	备注	

收款人：　　复核：　　开票人：　　销货单位：（章）

第二联：抵扣联　购货方扣税凭证

表 2-97

大连增值税专用发票
发 票 联

2100054216　　　　№

开票日期：

购货单位	名　　称： 纳税人识别号： 地　址、电　话： 开户行及账号：	密码区	略

货物或应税劳名称	规格型号	单　位	数　量	单　价	金　额	税率	税　额
合　　　计							

价税合计 （大写）		（小写）

销货单位	名　　称： 纳税人识别号： 地　址、电　话： 开户行及账号：	备注	

收款人：　　复核：　　开票人：　　销货单位：（章）

第三联：发票联　购货方记账凭证

表 2-98

收 料 单

NO.

供货单位：_____
发票号码：_____   年   月   日   收货仓库：_____

材料类别	名称及规格	计量单位	数量		实际成本		计划成本		成本差异	
			应收	实收	单价	金额	单价	金额		
										记账联
合 计										

质量检验：_____   收料：_____   制单：_____

表 2-99

表 2-100

付 款 凭 证

贷方科目：银行存款   年   月   日   字第   号

摘 要	借 方 科 目		金 额								
	总账科目	明细科目	百	十	万	千	百	十	元	角	分
附单据 张	合 计										

会计主管   复核   记账   出纳   制单

(11)10月30日进行财产清查,油漆盘亏50公斤,原因待查。会计凭证如表2-101和表2-102所示。

表 2-101

财产物资盘点报告单

类别：　　　　　　　　　　　　　　　　年　　月　　日

名称	规格	单位	单价	账面数		盘点数		盘盈		盘亏		备注
				数量	金额	数量	金额	数量	金额	数量	金额	

原因分析：

审批意见：

单位盖章：　　　　　　　　　财务负责人：　　　　　　　　　制表：

表 2-102

转　账　凭　证

年　　月　　日　　　　　　　　　　　　　　　　　字第　号

摘要	总账科目	明细科目	借方									贷方									记账
			百	十	万	千	百	十	元	角	分	百	十	万	千	百	十	元	角	分	
合计	（附件　张）																				

会计主管　　　　复核　　　　　记账　　　　　出纳　　　　　制单

(12)10月30日,经查明盘亏的油漆50公斤,其中10公斤属于自然损耗,40公斤属于保管不善,应由保管员李勇赔偿。会计凭证如表2-103和表2-104所示。

表 2-103

财产盘点报告单

类别：　　　　　　　　　　　　年　月　日

名称	规格	单位	单价	账面数		盘点数		盘盈		盘亏		备注
				数量	金额	数量	金额	数量	金额	数量	金额	
合计												

原因分析：　　　　　　　　　　　　　　　　审批意见：

单位盖章：　　　　　　　　　　财务负责人：　　　　　　　　　　制表：

表 2-104

转　账　凭　证

　　　　　　　　　　　　　　年　月　日　　　　　　　　　　　　　字第　号

摘要	总账科目	明细科目	借方									贷方									记账
			百	十	万	千	百	十	元	角	分	百	十	万	千	百	十	元	角	分	
合　计	（附件　　张）																				

会计主管　　　　　　　复核　　　　　　　记账　　　　　　　出纳　　　　　　　制单

(13)9月30日,根据本月原材料成本差异率(按类计算),编制"发出材料成本差异计算表",结转本月发出材料应负担的成本差异。会计凭证如表2-105～表2-107所示。

表 2-105

原材料成本差异计算表

年　月　日

项　　目	计量单位	期初材料成本差异额	本月购进材料成本差异额	期末材料成本差异率
原料及主要材料	吨			
燃　料	吨			
辅助材料	公斤			
包装材料	立方米			
合　计				

表 2-106

发出材料成本差异计算表

年　月　日

原材料名称	材料发出的用途																	
	A产品			B产品			基本			锅炉			机修			管理			其他		
	计划价	差异率	差异额	计划价	差异率	差异额	计划价	差异率	差异额	计划价	差异率	差异额	计划价	差异率	差异额	计划价	差异率	差异额	计划价	差异率	差异额
圆钢																					
生铁																					
原煤																					
焦炭																					
油漆																					
润滑油																					
木材																					
合计																					

表 2-107

转 账 凭 证

年　月　日　　　　　　　　　　　　　　　　　字第　号

摘要	总账科目	明细科目	借方									贷方									记账
			百	十	万	千	百	十	元	角	分	百	十	万	千	百	十	元	角	分	
合　计		（附件　　张）																			

会计主管　　　　　　复核　　　　　　记账　　　　　　出纳　　　　　　制单

(14)编制科目汇总表,并登记原材料总账及明细账,如表 2-108～表 2-113 所示。

表 2-108

会计科目	本期发生额		会计科目	本期发生额	
	借方	贷方		借方	贷方
库存现金			短期借款		
银行存款			应付票据		
其他货币资金			应付账款		
交易性金融资产			预收账款		
应收票据			其他应付款		
应收账款			应付职工薪酬		
坏账准备			应交税费		
预付账款			应付利润		
其他应收款			应付利息		

续表

会计科目	本期发生额		会计科目	本期发生额	
	借方	贷方		借方	贷方
应收股利			长期借款		
材料采购			实收资本		
原材料			资本公积		
周转材料			盈余公积		
库存商品			本年利润		
待处理财产损溢			利润分配		
生产成本			主营业务收入		
制造费用			其他业务收入		
长期股权投资			投资收益		
工程物资			营业外收入		
在建工程			主营业务成本		
固定资产			其他业务成本		
累计折旧			营业税及附加		
固定资产清理			销售费用		
无形资产			管理费用		
累计摊销			财务费用		
长期待摊费用			资产减值损失		
所得税费用			营业外支出		
合　计			合　计		

表 2-109

总　　账

会计科目　原材料

年		凭证号	摘要	借　方									贷　方									核对号	借或贷	余　额								
月	日			十	万	千	百	十	元	角	分	十	万	千	百	十	元	角	分			十	万	千	百	十	元	角	分

表 2-110

_____明细账

科目：　　　　　　　　　　规格等级：　　　　　　　　品名：
子目：　　　　　　　　　　计量单位：　　　　　　　　总页____ 分页____

年		凭证字号	摘要	收入			发出			结存		
月	日			数量	单价	金额	数量	单价	金额	数量	单价	金额

表 2-111

_____明细账

科目：　　　　　　　　　　规格等级：　　　　　　　　品名：
子目：　　　　　　　　　　计量单位：　　　　　　　　总页____ 分页____

年		凭证字号	摘要	收入			发出			结存		
月	日			数量	单价	金额	数量	单价	金额	数量	单价	金额

表 2-112

_____明细账

科目：　　　　　　　　　　规格等级：　　　　　　　　品名：
子目：　　　　　　　　　　计量单位：　　　　　　　　总页____ 分页____

年		凭证字号	摘要	收入			发出			结存		
月	日			数量	单价	金额	数量	单价	金额	数量	单价	金额

表 2-113

_____明细账

科目：　　　　　　　　规格等级：　　　　　　品名：
子目：　　　　　　　　计量单位：　　　　　　总页____ 分页____

年		凭证字号	摘要	收入			发出			结存		
月	日			数量	单价	金额	数量	单价	金额	数量	单价	金额

(15)月末登记材料成本差异明细账及总账，如表2-114～表2-118所示。

表 2-114

材料成本差异明细账

科目_____

年		凭证号数	摘要	摘要		差异分配率	本月发出			月末节存		
月	日			计划成本	成本差异		计划成本	成本差异		计划成本	成本差异	
					超支	节约			超支	节约		超支	节约

年		凭证号数	摘要	计划成本	成本差异		差异分配率	计划成本	成本差异		计划成本	成本差异	
月	日				超支	节约			超支	节约		超支	节约

表 2-115

材料成本差异明细账

科目 _____

年		凭证号数	摘要	摘要			差异分配率	本月发出			月末节存		
月	日			计划成本	成本差异			计划成本	成本差异		计划成本	成本差异	
					超支	节约			超支	节约		超支	节约

表 2-116

材料成本差异明细账

科目 _____

年		凭证号数	摘要	摘要			差异分配率	本月发出			月末节存		
月	日			计划成本	成本差异			计划成本	成本差异		计划成本	成本差异	
					超支	节约			超支	节约		超支	节约

表 2-117

材料成本差异明细账

科目 _____

年		凭证号数	摘要	摘要			差异分配率	本月发出			月末节存		
月	日			计划成本	成本差异			计划成本	成本差异		计划成本	成本差异	
					超支	节约			超支	节约		超支	节约

表 2-118

总　　账

会计科目　__材料成本差异__

年		凭证号	摘要	借方									贷方									核对号	借或贷	余额								
月	日			十	万	千	百	十	元	角	分		十	万	千	百	十	元	角	分				十	万	千	百	十	元	角	分

(16) 请思考：企业"材料采购"明细账应采用什么样的格式进行会计核算。

实训 2.3　固定资产岗位实训

【能力目标】

(1)了解企业固定资产的分类与计价,对固定资产进行编号并设立卡片。
(2)能够根据固定资产增减及其他业务填制空白原始凭证。
(3)能够熟练审核原始凭证。
(4)能够根据审核后的原始凭证编制记账凭证。

【任务描述】

要求学生以固定资产会计的角色,完成下列会计工作。
(1)根据经济业务的内容,填制空白的原始凭证。
(2)审核原始凭证,编制记账凭证。
(3)进行固定资产折旧的计算。

【实训资料】

一、企业基本情况

企业名称:大连祥瑞板材机械有限公司
企业类型:有限责任公司
法人代表:韩东江(经理),宋立民(副经理)
企业住址:大连市中山区桃源街 128 号
电话、邮编:0411-86265697、116014
开户银行:中国建设银行大连中山支行
账　　　号:21201501200053012700
纳税人识别号:210456211580086
经营范围:生产半自动木工截锯、多锯片木工圆锯
财务主管:李童
会　　　计:王丽红(兼办税员)
出　　　纳:黄洪
职工总数:80 人

二、2013 年 9 月发生的经济业务

(1)9 月 2 日从新时代汽车经销公司购入一辆运货大卡车金额为 64 800 元,增值税额为

11 016 元。用转账支票支付,已交付运输部门使用。(经销公司地址:甘井子区华北路289号;开户银行:工商银行华北路支行,账号:3400301719014865278;纳税人识别号:210204894511205),会计凭证如表2-119~表2-123所示。

表 2-119

表 2-120

2102095304　　　　　　大连增值税专用发票　　　　No
　　　　　　　　　　　　　　扣　税　联　　　　　　　开票日期:

购货单位	名　　称:					密码区	略
	纳税人识别号:						
	地址、电话:						
	开户行及账号:						
货物或应税劳名称	规格型号	单位	数量	单价	金额	税率	税额
合　　计							
价税合计（大写）				（小写）			
销货单位	名　　称:					备注	
	纳税人识别号:						
	地址、电话:						
	开户行及账号:						

收款人:　　复核:　　开票人:　　销货单位:（章）

表 2-121

大连增值税专用发票

2102095304

发 票 联

№

开票日期：

购货单位	名　　称： 纳税人识别号： 地　址、电　话： 开户行及账号：					密码区	略	
货物或应税劳名称	规格型号	单位	数量	单价	金　额	税率	税　额
合　计							
价税合计 （大写）				（小写）			
销货单位	名　　称： 纳税人识别号： 地　址、电　话： 开户行及账号：					备注		

第三联：发票联　购货方记账凭证

收款人：　　复核：　　开票人：　　销货单位：（章）

表 2-122

付　款　凭　证

贷方科目：　　　　　　　　　年　　月　　日　　　　　　　字第　号

摘　要	借方科目		金　额									
	总账科目	明细科目	百	十	万	千	百	十	元	角	分
附单据　　张	合　计										

会计主管　　　　复核　　　　　记账　　　　　出纳　　　　　制单

表 2-123

固 定 资 产 卡 片

类 别	交通运输		编 号		001
名 称	大卡车		技术资料编号		
规 格			调入来源		购入
制造厂名			调入时已交使用年限		
制造日期			调入时已提折旧		
使用部门	运输部门	原 值	64 800	年折旧率	
验收日期		其中:安装成本		月折旧率	
凭证编号		预计残值		年大修理提存率	
开始使用日期		预计清理费用		月大修理提存额	

附属设备					附属设备				
名 称	规 格	单 位	数 量	金 额	名 称	规 格	单 位	数 量	金 额

大修理记录			原价变动记录				内部转移记录		接收部门或存放地点
凭证		金 额	凭证		增加(+)减少(-)	金 额	凭证		
日期	编号		日期	编号			日期	编号	

停用记录	起讫日期		起讫日期		起讫日期	
	停用日期		停用日期		停用日期	

报废清理记录				调出记录		
报废清理日期	年月日	原 价		调出日期	年月日	原 价
凭证编号		已提折旧		凭证编号		已提折旧
报废评理原因		变价收入		调入单位		调拨收入
注销日期		清理费用		备注		

卡片登记人:

(大卡车制造厂名:长春一汽;出厂日期:2010 年 2 月;规格:J6370 马力 6×4 牵引车;编号 00755;预计使用年限 5 年,净残值率:5%)

(2)9 月 6 日用支票支付车辆购置税 5 860 元。会计凭证如表 2-124～表 2-126 所示。

表 2-124

| 中国建设银行 转账支票存根 (辽) ES/02 16883770 附加信息 出票日期 年 月 日 收款人： 金额： 用途： 单位主管 会计 | 中国建设银行 转账支票 (辽) 出票日期(大写) 年 月 日 付款行名称： 收款人： 出票人账号： 人民币(大写) 亿千百十万千百十元角分 用途： 上列款项请从 我账户内支付 出票人签章 复核 记账 |

表 2-125

辽宁省行政事业性收费统一收据
辽财政监字第 001-10 号

年 月 日

收款单位或姓名			缴款方式							
收费项目	数量	收费标准	金 额							
			万	千	百	十	元	角	分	
合 计										
金 额(大写)	拾 万 仟 佰 拾 元 角 分									

收款单位(盖章)： 收款人：

表 2-126

付 款 凭 证

年 月 日   字第   号

贷方科目：

摘 要	借 方 科 目		金 额							
	总账科目	明细科目	百	十	万	千	百	十	元	角 分
附单据 张	合 计									

会计主管   复核   记账   出纳   制单

(3) 9月8日将一台不需要的设备FLT005,出售给雨景贸易公司,设备原值200 000元,已提折旧71 250元,规定使用年限8年,已经使用3年。双方协商作价180 000元,收到支票送存银行,处理结果转入营业外。(雨景贸易公司开户银行:中国银行大连建设街支行;账号:800701209025413;纳税人识别号:2102034751579118;地址、电话:大连市西岗区建设街187号;0411-82827766)会计凭证如表2-127~表2-133所示。

表 2-127

固定资产出售申请表

单位:　　　　　　　　　　　　　　年　月　日

固定资产名称		规定使用年限		原　值	
型号规格		已提折旧年限		已提折旧	
				补提折旧	
单　位		数　量		预计收回残值		净　值	
资产编号		所在地			
出售原因					经办人:
审批意见					
主管局		使用单位		技术鉴定小组	
同意 负责人　经办人		同意 负责人　经办人		同意 负责人　经办人	

表 2-128

转 账 凭 证

　　　　　　　　　　　　　　　　年　月　日　　　　　　　　　　　　字第　号

摘　要	总账科目	明细科目	借　方									贷　方									记账
			百	十	万	千	百	十	元	角	分	百	十	万	千	百	十	元	角	分	
合　计	（附件　张）																				

会计主管　　　　　　　复核　　　　　　　记账　　　　　　　出纳　　　　　　　制单

表 2-129

大连增值税专用发票

2100054135

此联不做报销、扣税凭证使用

№

开票日期：

购货单位	名　　称：					密码区	略		第一联：记账联　销货方记账凭证
	纳税人识别号：								
	地　址、电　话：								
	开户行及账号：								
货物或应税劳名称	规格型号	单位	数量	单价	金　额		税率	税　额	
合　　计									
价税合计（大写）					（小写）				
销货单位	名　　称：					备注			
	纳税人识别号：								
	地　址、电　话：								
	开户行及账号：								

收款人：　　　复核：　　　开票人：　　　销货单位：（章）

表 2-130

转账支票背面

附加信息：	被背书人
	背书人签章
	年　月　日

表 2-131

中国建设银行 进 账 单 （回 单） 1
China Construction Bank

年　月　日

出票人	全　称		收款人	全　称		亿千百十万千百十元角分	此联是开户银行交给持票人的回单
	账　号			账　号			
	开户银行			开户银行			
金额	人民币 （大写）						
票据种类		票据张数					
票据号码							

复核　　记账　　　　　　　　　开户银行签章

表 2-132

收 款 凭 证

借方科目：　　　　　　　　年　月　日　　　　　　　　字第　号

摘　要	贷　方　科　目		金　　额
	总账科目	明细科目	百十万千百十元角分
附单据　　　张	合　计		

会计主管　　　　复核　　　　　记账　　　　　出纳　　　　　制单

表 2-133

转 账 凭 证

年　月　日　　　　　　　　　　　　　　　字第　号

摘要	总账科目	明细科目	借方											贷方											记账
			百	十	万	千	百	十	元	角	分	百	十	万	千	百	十	元	角	分	
合　计	（附件　张）																				

会计主管　　　　　　复核　　　　　　记账　　　　　　出纳　　　　　　制单

(4) 9月10日企业机修车间对基本生产车间的05号设备，以及管理部门的012设备进行修理，领用备件100 000元，人工10 200元，其他费用5 000元，按规定费用总额50%比例分配。会计凭证如表2-134和表2-135所示。

表 2-134

内部费用转账通知单

转出单位：　　　　　　　　　　　年　月　日

维修部门	费用支出			金额
	材料费	人工费	其他费用	
小　计				

表 2-135

转 账 凭 证

年　月　日　　　　　　　　　　　　　字第　号

摘要	总账科目	明细科目	借方									贷方									记账
			百	十	万	千	百	十	元	角	分	百	十	万	千	百	十	元	角	分	
合　计	（附件　　张）																				

会计主管　　　　　复核　　　　　记账　　　　　出纳　　　　　制单

(5)9 月 20 日用转账支票支付友邻服务公司办公大楼修理费 9 580 元。会计凭证如表 2-136～表 2-138 所示。

表 2-136

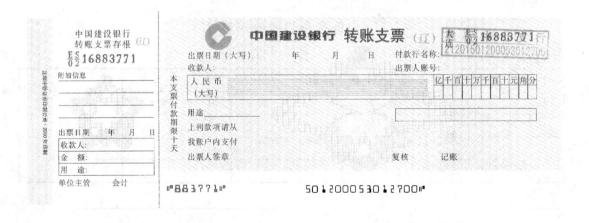

表 2-137

付 款 凭 证

贷方科目：　　　　　　　　　　　年　月　日　　　　　　　　　字第　号

摘　要	借方科目		金　额								
	总账科目	明细科目	百	十	万	千	百	十	元	角	分
附单据　　　　张	合　　　计										

会计主管　　　　　复核　　　　　记账　　　　　出纳　　　　　制单

表 2-138

辽宁省大连市服务业剪贴发票

发票代码 221020971360

项　目	单位	数量	单价	万	千	百	十	元	角	分
合计金额 （大写）	万 仟 佰 拾 元 角 分									

② 报销凭证

发 票 联

发票号码 21071353

单位：　　　　　　　　　　　年　月　日

单位(盖章有效)　　　收款人：　　　　开票人：

- - - - - - - - - - - - - - - - -
　　无剪贴卷无效

本发票联大写金额与剪贴卷剪留金额相符
(十元一下部分除外)，否则无效。

| 9 | 8 | 7 | 6 | 5 | 4 | 3 | 2 | 1 | 0 | 十元 |

| 9 | 8 | 7 | 6 | 5 | 4 | 3 | 2 | 1 | 0 | 百元 |

| 9 | 8 | 7 | 6 | 5 | 4 | 3 | 2 | 1 | 0 | 千元 |

| 9 | 8 | 7 | 6 | 5 | 4 | 3 | 2 | 1 | 0 | 万元 |

(6) 9月28日设备申请报废一台,该设备原值100 000元,规格型号:CA425OP66K;规定使用年限10年,已提折旧10年,提折旧96 500元,变卖收入现金500元。会计凭证如表2-139～表2-141所示。

表2-139

固定资产报废申请表

单位：　　　　　　　　　　　　　　年　月　日

固定资产名称		规定使用年限		原　值	
型号规格		已提折旧年限		已提折旧	
				补提折旧	
单　位		数　量		预计收回殖值		净　值	
资产编号		所在地			
报废原因及现状					经办人：
审批意见					
主管局		使用单位		技术鉴定小组	
同意 负责人　　经办人		同意 负责人　　经办人		同意 负责人　　经办人	

表2-140

转　账　凭　证

年　月　日　　　　　　　　　　　　字第　号

摘　要	总账科目	明细科目	借　方									贷　方									记账
			百	十	万	千	百	十	元	角	分	百	十	万	千	百	十	元	角	分	
合　计	（附件　张）																				

会计主管　　　　　复核　　　　　记账　　　　　出纳　　　　　制单

表 2-141

收 款 凭 证

借方科目：　　　　　　　　　　年　月　日　　　　　　　　　　字第　号

摘 要	贷 方 科 目		金 额
	总账科目	明细科目	百 十 万 千 百 十 元 角 分
附单据　　张		合　计	

会计主管　　　　复核　　　　　记账　　　　　出纳　　　　　制单

(7) 9月30日企业基本生产车间本月应提折旧费26 000元，辅助生产车间提折旧费8 800元，其中：锅炉车间5 800元，机修车间3 000元；行政管理部门应提折旧费1 200元。会计凭证如表2-142和表2-143所示。(注：辅助车间全部作为直接费用处理)

表 2-142

固定资产折旧计算

年　月　日

部　　门		应借科目	本月折旧额
基本生产车间			
辅助生产车间	锅炉车间		
	机修车间		
行政管理部门			
合　　计			

表 2-143

转 账 凭 证

年　月　日　　　　　　　　　　　字第　号

摘要	总账科目	明细科目	借方 百 十 万 千 百 十 元 角 分	贷方 百 十 万 千 百 十 元 角 分	记账
合　计	（附件　张）				

会计主管　　　　　复核　　　　　记账　　　　　出纳　　　　　制单

(8) 9月30日在财产清查中，发现盘亏设备008一台，规格型号KJ45。经查原值58 000元，应计提折旧额55 100元，已计提折旧额46 900，是由于管理不善造成丢失，责成有关人员赔偿损失60％，收到补偿款，净损失转入营业外。会计凭证如表2-144～表2-148所示。

表 2-144

固定资产盘盈盘亏报告表

编报单位：　　　　　　　　　　年　月　日

资产编号	固定资产名称	规格型号	计量单位	盘盈			盘亏			毁损			原因
				数量	重置价值	估计已提折旧	数量	原价	已提折旧	数量	原价	已提折旧	

主管部门批准意见：　　　财务部门负责人：　　　设备部门负责人：　　　制表：

表 2-145

转 账 凭 证

年　月　日　　　　　　　　　　　　　　　　　　　字第　号

摘要	总账科目	明细科目	借方										贷方										记账
			百	十	万	千	百	十	元	角	分	百	十	万	千	百	十	元	角	分	
合　计	（附件　张）																					

会计主管　　　　　复核　　　　　　记账　　　　　　出纳　　　　　　制单

表 2-146

收 款 收 据

收款日期　年　月　日

付款单位		收款单位		收款项目										
人民币（大写）					千	百	十	万	千	百	十	元	角	分	结算方式
收款事由				经办	部门										
					人员										
上述款项照数收讫无误。收款单位财务专用章：　领款人签章			会计主管		稽核			出纳			交款人				

使用范围及规定：1.本收据只能用于单位内部和单位与单位、单位与个人之间的非经营性的经济往来，不得代替发票、行政事业性收费（基金）等政府非税收入收据和罚没收据。2.结算方式按现金结算、银行结算和转账等方式分别填写。3.作废时，应加盖作废戳记，并同存根一起保存，不得自行销毁。

表 2-147

收 款 凭 证

借方科目：　　　　　　　　　　　年　月　日　　　　　　　　　　　字第　号

摘 要	贷 方 科 目		金 额								
	总账科目	明细科目	百	十	万	千	百	十	元	角	分
附单据　　张	合　　计										

会计主管　　　　复核　　　　　记账　　　　　出纳　　　　　制单

表 2-148

转 账 凭 证

年　月　日　　　　　　　　　　　字第　号

摘 要	总账科目	明细科目	借 方									贷 方									记账
			百	十	万	千	百	十	元	角	分	百	十	万	千	百	十	元	角	分	
合　计　　（附件　张）																					

会计主管　　　　复核　　　　　记账　　　　　出纳　　　　　制单

(9)月末编制科目汇总表如表 2-149 所示。

表 2-149

科目汇总表

会计科目	本期发生额		会计科目	本期发生额	
	借方	贷方		借方	贷方
库存现金			短期借款		
银行存款			应付票据		
其他货币资金			应付账款		
交易性金融资产			预收账款		
应收票据			其他应付款		
应收账款			应付职工薪酬		
坏账准备			应交税费		
预付账款			应付利润		
其他应收款			应付利息		
应收股利			长期借款		
材料采购			实收资本		
原材料			资本公积		
周转材料			盈余公积		
库存商品			本年利润		
待处理财产损溢			利润分配		
生产成本			主营业务收入		
制造费用			其他业务收入		
长期股权投资			投资收益		
工程物资			营业外收入		
在建工程			主营业务成本		
固定资产			其他业务成本		
累计折旧			营业税及附加		
固定资产清理			销售费用		
无形资产			管理费用		
累计摊销			财务费用		
长期待摊费用			资产减值损失		
所得税费用			营业外支出		
合 计			合 计		

实训 2.4 薪酬岗位实训

【能力目标】

(1) 熟悉企业薪酬管理及核算的方法。
(2) 能够进行薪酬计算分配、发放等工作。
(3) 能够根据薪酬的相关内容填制空白的原始凭证、审核原始凭证。
(4) 能够根据审核后的原始凭证编制记账凭证。
(5) 思考总账的登记方法。

【任务描述】

要求学生以薪酬会计的角色,完成下列会计工作。
(1) 计算填制各种明细表。
(2) 根据经济业务的内容填制空白的原始凭证。
(3) 审核原始凭证,编制记账凭证。
(4) 编制科目汇总表并登记总账。

【实训资料】

一、企业基本情况

企业名称:大连祥瑞板材机械有限公司
企业类型:有限责任公司
法人代表:韩东江(经理),宋立民(副经理)
企业住址:大连市中山区桃源街128号
电话、邮编:0411-86265697、116014
开户银行:中国建设银行大连中山支行
账　　号:21201501200053012700
纳税人识别号:210456211580086
经营范围:生产半自动木工截锯、多锯片木工圆锯
财务主管:李童
会　　计:王丽红(兼办税员)
出　　纳:黄洪
职工总数:80人

二、本月发生的经济业务

(1) 2013年9月7日,根据有关资料,计算填列有关明细表。
① 填制工资支付明细表。如表2-150所示
② 填制社会保险、住房公积金计算分配表。如表2-151所示
(注:辅助车间作为直接费用处理)

表2-150

9月份工资支付明细表

单位:　　　　　　　　　　　填制日期:2013年9月7日

编号	姓名	基本工资	奖金	加班补助	交通补助	应得工资	扣款明细					净领金额	领取人印
							基本养老	医疗保险	失业保险	住房公积金	个人所得税		
							8%	2%	1%	10%			
01 工人（基本）	王刚	4200	200	200	100								
02 工人（基本）	董永	4200	200	200	100								
03 工人（基本）	张晓明	4800	200	500	100								
04 工人（基本）	程刚	4600	200	300	100								
05 工人（基本）	江川用	4900	200	600	100								
06 工人（基本）	杨明杨	4500	200	300	100								
07 工人（基本）	周成山	4900	200	600	100								
08 工人（基本）	张爱丽	4800	200	500	100								
09 工人（基本）	管红	4800	200	500	100								
10 工人（基本）	曹东江	4900	200	800	100								
11 工人（基本）	张秀莉	5000	200	800	100								
12 工人（基本）	刘子景	5100	200	800	100								

续表

编号	姓名	基本工资	奖金	加班补助	交通补助	应得工资	扣款明细					净领金额	领取人印
							基本养老 8%	医疗保险 2%	失业保险 1%	住房公积金 10%	个人所得税		
13 工人（基本）	商丽	5400	200	1000	100								
14 工人（机修）	刘勇	5500	200	1100	100								
15 工人（机修）	张子健	5500	200	1100	100								
16 工人（机修）	万永	5200	200	200	100								
17 技术（机修）	吴大力	4600	200	300	100								
18 工人（锅炉）	景沛公	4200	200	200	100								
19 工人（锅炉）	刘勇兵	4200	200	200	100								
20 工人（锅炉）	王强	4200	200	200	100								
21 技术（锅炉）	金永刚	4800	200	300	100								
22 技术（基本）	王红礼	4900	200	400	100								
23 技术（基本）	高德岩	4900	200	500	100								
24 技术（基本）	张大民	5000	200	600	100								
25 技术（基本）	蒋丽	2100	200	700	100								
26 管理	黄洪	2200	200	1000	100								
27 管理	王丽红	2300	200	1000	100								
28 管理	李童	2500	200	1200	100								
29 管理	宋立民	2700	200	1400	100								
30 管理	韩东江	2800	200	1500	100								
合计													

单位负责人： 　　财务主管： 　　复核： 　　出纳：

表 2-151

社会保险、住房基金计提表

年　月　日　　　　　　　　　　　　　　　　　　　　　　　　　单位:元

应 借 科 目		应 贷 科 目:应 付 职 工 薪 酬				合　计
		养老保险 (19%)	失业保险 (2%)	医疗保险 (8%)	住房公积金 (10%)	
生产成本	基本生产					
	辅助 锅炉					
	机修					
制造费用(基本)						
管理费用						
合　计						

会计主管：　　　　　　　　　复核：　　　　　　　　制单：

(2)9月8日填制支票从基本存款户转账到大连银行保险户(802302210040586),转账金额(见表 2-150 和表 2-151 的计算结果)。会计凭证如表 2-152～表 2-154 所示。

表 2-152

表 2-153

中国建设银行 China Construction Bank　进账单（回单）　1

年　月　日

出票人	全称		收款人	全称	
	账号			账号	
	开户银行			开户银行	
金额	人民币（大写）			亿千百十万千百十元角分	

票据种类　　　票据张数

票据号码

复核　　记账　　　　　　　　开户银行签章

此联是开户银行交给持票人的回单

表 2-154

付 款 凭 证

年　月　日

贷方科目：　　　　　　　　　　　　　　　　　　　　字第　号

摘要	借方科目		金额
	总账科目	明细科目	百十万千百十元角分
附单据　　张	合　计		

会计主管　　　复核　　　记账　　　出纳　　　制单

(3)9月10日根据工资支付明细表的内容如表2-150所示的实发工资额,签发现金支票从银行提取现金备发工资。会计凭证如表2-155~表2-157所示。

表 2-155

表 2-156

现金支票背面

表 2-157

付 款 凭 证

贷方科目：　　　　　　　　　年　月　日　　　　　　　　　字第　号

摘要	借方科目		金额								
	总账科目	明细科目	百	十	万	千	百	十	元	角	分
附单据　　张	合　　计										

会计主管　　　　复核　　　　　记账　　　　　出纳　　　　　制单

(4)9 月 10 日用现金发放工资,代扣各种款项(查工资明细表 2-150)。会计凭证如表 2-158 所示。

表 2-158

付 款 凭 证

贷方科目：　　　　　　　　　年　月　日　　　　　　　　　字第　号

摘要	借方科目		金额								
	总账科目	明细科目	百	十	万	千	百	十	元	角	分
附单据　　张	合　　计										

会计主管　　　　复核　　　　　记账　　　　　出纳　　　　　制单

(5)9月10日申报并上缴个人所得税(资料见工资明细表2-150)。会计凭证如表2-159~表2-161所示。

表 2-159

表 2-160

付 款 凭 证

贷方科目：银行存款　　　　　　　　年　月　日　　　　　　　　字第　号

摘要	借方科目		金额							
	总账科目	明细科目	百	十	万	千	百	十	元	角	分
附单据　　　张	合　计										

会计主管　　　　　　复核　　　　　　　记账　　　　　　出纳　　　　　　制单

表2-161

扣缴个人所得税报告

扣缴义务人名称(章): _____

扣缴义务识别号: _____ 申报日期: 年 月 日 单位: 元(列至角分)

申报类型: □1.正常申报 2.补充申报 3.专项检查 4.查前提醒 5.纳税评估(评估编号:)

计税人员收入总额	
其中: 纳税人收入总额	
"三险一金"总额	
应纳税所得额	

减免税额合计	
本期实缴税额合计	
缴款书号码	

本期单位总人数	
其中特定行业计税办法人数	
其中纳税总人数	
本期非本单位纳税人数	
其中本单位纳税人数	

序号	姓名	证照类型	证照号码	国籍或地区	是否雇员	职业	职务	所得项目	所得起始日期	所得终止日期	税款负担形式	收入额	"三险一金"合计	其他扣除项目额	应纳税所得额	税率(%)	应纳税额	本期已缴(扣)额	减免税额	实际应纳税额
(1)	(2)	(3)	(4)	(5)	(6)	(7)	(8)	(9)	(10)	(11)	(12)	(13)	(14)	(15)	(16)	(17)	(18)	(19)	(20)	

扣缴人声明:

本单位的纳税申报表是根据《中华人民共和国个人所得税法》的有关规定填报的,我确信它是真实的、可靠的、完整的。

法定代表人(负责人)签字: _____
财务负责人签字: _____
填表人签字: _____

授权声明:

现授权 _____ 为本单位纳税代理人,任何与申报有关的往来文件,都可以寄此代理机构。

其他人代表 _____ 电话 _____

年 月 日

受理时间: 年 月 日 受理机关: _____

受理人: _____

代理人声明:

本纳税申报表是根据国家税收法规定和税务机关有关规定填列,合法的、如有不实,我愿承担法律责任。

代理人(法定代表人)签名: _____
代办人签名: _____
(代理人盖章)

年 月 日

注: 本表一式两份, 经税务机关受理后, 退纳税人一份, 税务机关留存一份。

(6)9月15日收到社会保障基金专用收据。会计凭证如表2-162～表2-164所示。

表 2-162

社会保障基金网上申报专用收据

辽财政监大字第 056-8 号	收款日期：	年	月	日
付款单位		结算方式		
人民币（大写）			￥	
摘要		上述款项照数收讫无误 收款单位财务专用章		

会计主管：　　　　　　稽核：　　　　　　出纳：　　　　　　收款人：

表 2-163

大连市企业职工社会保险费结算表

费款所属日期：　年　月到　年　月

单位名称：			单位编码：		单位：元		业务流水号：							
单位性质	□机关□全额□差额 □自收自支□企业化管理			职工情况	全部工作人员数		养老	医疗		失业		工伤		生育
缴费类型	□正常表□补缴表			其中	缴费人数									
开户银行					本月增加									
账　号					本月减少									
缴费项目	单 位 缴 费			个 人 缴 费			缴 费 金 额								
	缴费基数	费率	金额	缴费基数	费率	金额	百	十	万	千	百	十	元	角	分
基本养老保险费															
基本医疗保险费															
公务员医疗补助保险费															
失业保险费															
工伤保险费															
生育保险费															
补充养老保险费															
高额补充医疗保险费															
缴费金额合计	佰　拾　万　仟　佰　拾　元　角　分						￥：								
法人代表:(签章)		部门负责人:(签章)			制表人:(签章)			电话							
以下由社会保险机构审核填写：															
逾期　天　加收滞纳金			实收滞纳金		利息			核定应收金额							
实收金额合计	佰　拾　万　仟　佰　拾　元　角　分							￥：							
社会保险经办机构专管员审核:(签章)				部门负责人:(签章)				机构负责人:(签章)							

注：本表一式三份，每月1~10日报送市机关事业单位社会保险中心

表 2-164

付 款 凭 证

贷方科目：　　　　　　　　　　　年　月　日　　　　　　　　　字第　号

摘 要	借 方 科 目		金 额									
	总账科目	明细科目	百	十	万	千	百	十	元	角	分
附单据　　张	合　计											

会计主管　　　　复核　　　　　　记账　　　　　　出纳　　　　　　制单

(7)9 月 20 开出转账支票上缴住房公积金（资料见表 2-165、表 2-166）。会计凭证如表 2-165～表 2-167 所示。

表 2-165

住房公积金汇（补）缴书

日期：　　年　月　日　　　　联系人：　　　　　　　联系电话：

单位账号		单位名称								
交易人数		缴交时间	年	月至	年	月	月数			
人民币（大写）			千	百	十	万	千	百	元	角	分
交易方式	□支票　□现金　□其他　□预缴转入			交易类型		□汇缴　□补缴				
支票号码		缴存类型		对应账号						
单位预留印鉴										

表 2-166

[转账支票及存根图]

表 2-167

付 款 凭 证

年　月　日

贷方科目：　　　　　　　　　　　　　　　　　　　　　　　　　字第　　号

摘　要	借 方 科 目		金　额								
	总账科目	明细科目	百	十	万	千	百	十	元	角	分
附单据　　　张	合　　　计										

会计主管　　　　复核　　　　　　记账　　　　　　出纳　　　　　　制单

(8)9月30日根据资料(见表2-150)编制薪酬费用分配表,分配薪酬费用。会计凭证如表2-168和表2-169所示。

表 2-168

职工薪酬(工资)分配表

年　月　日

应借科目	应贷科目:应付职工薪酬(工资)					
	A产品	B产品	基本生产车间	辅助生产车间		行政管理部门
				锅 炉	机 修	
生产成本						
制造费用						
管理费用						
合计						

表 2-169

转 账 凭 证

年　月　日　　　　　　　　　字第　号

摘要	总账科目	明细科目	借方									贷方									记账
			百	十	万	千	百	十	元	角	分	百	十	万	千	百	十	元	角	分	
合计		（附件　张）																			

会计主管　　　　　复核　　　　　记账　　　　　出纳　　　　　制单

(9) 9月30日根据资料见表2-168，按应付薪酬（工资额）14%，计提职工福利费。会计凭证如表2-170和表2-171所示。

表 2-170

职工薪酬（福利费）分配表

年　月　日

应借科目	应贷科目：应付职工薪酬（福利费）					
	A产品	B产品	基本生产车间	辅助生产车间		行政管理部门
				锅炉	机修	
生产成本						
制造费用						
管理费用						
合计						

表 2-171

转 账 凭 证

年　月　日　　　　　　　　　　　　　　　字第　号

摘要	总账科目	明细科目	借方									贷方									记账
			百	十	万	千	百	十	元	角	分	百	十	万	千	百	十	元	角	分	
合　计	（附件　　张）																				

会计主管　　　　　复核　　　　　记账　　　　　出纳　　　　　制单

(10) 9 月 30 日计算分配社会保险和住房基金费用。会计凭证如表 2-172 和表 2-173 所示。

表 2-172

社会保险、住房基金计提表

年　月　日　　　　　　　　　　　　　　　单位：元

应借科目			应贷科目：应付职工薪酬				合计
			养老保险（19%）	失业保险（2%）	医疗保险（8%）	住房公积金（10%）	
生产成本	基本生产						
	辅助	锅炉					
		机修					
制造费用（基本）							
管理费用							
合　计							

会计主管：　　　　　复核：　　　　　制单：

表 2-173

转 账 凭 证

年　月　日　　　　　　　　　　　　　　　　　字第　号

摘要	总账科目	明细科目	借方									贷方									记账
			百	十	万	千	百	十	元	角	分	百	十	万	千	百	十	元	角	分	
合计	（附件　张）																				

会计主管　　　复核　　　记账　　　出纳　　　制单

(11) 9月30日根据上述资料，按应付薪酬（工资）的2%计提工会经费；1.5%计提职工教育经费。会计凭证如表2-174和表2-175所示。

表 2-174

工会经费和职工教育经费计提表

年　月　日

项　目	应付职工薪酬（工资）	计提比例	计算金额
合　计			

表 2-175

转 账 凭 证

年　月　日　　　　　　　　　　　　　　　　　字第　号

摘要	总账科目	明细科目	借方									贷方									记账
			百	十	万	千	百	十	元	角	分	百	十	万	千	百	十	元	角	分	
合计	（附件　张）																				

会计主管　　　复核　　　记账　　　出纳　　　制单

(12)月末编制科目汇总表如表2-176所示

表 2-176

科目汇总表

会计科目	本期发生额 借方	本期发生额 贷方	会计科目	本期发生额 借方	本期发生额 贷方
库存现金			短期借款		
银行存款			应付票据		
其他货币资金			应付账款		
交易性金融资产			预收账款		
应收票据			其他应付款		
应收账款			应付职工薪酬		
坏账准备			应交税费		
预付账款			应付利润		
其他应收款			应付利息		
应收股利			长期借款		
材料采购			实收资本		
原材料			资本公积		
周转材料			盈余公积		
库存商品			本年利润		
待处理财产损溢			利润分配		
生产成本			主营业务收入		
制造费用			其他业务收入		
长期股权投资			投资收益		
工程物资			营业外收入		
在建工程			主营业务成本		
固定资产			其他业务成本		
累计折旧			营业税及附加		
固定资产清理			销售费用		
无形资产			管理费用		
累计摊销			财务费用		
长期待摊费用			资产减值损失		
所得税费用			营业外支出		
合　　计			合　　计		

实训 2.5　成本岗位实训

【能力目标】

(1) 熟悉成本计算方法。
(2) 熟练填制空白原始凭证。
(3) 熟练进行原始凭证的审核。
(4) 根据审核的原始凭证编制记账凭证。

【任务描述】

要求学生以成本会计的角色,完成下列会计工作。
(1) 根据经济业务的内容填制空白的原始凭证。
(2) 认真审核原始凭证。
(3) 根据审核无误的原始凭证,编制记账凭证。
(4) 进行产品成本的计算。

【实训资料】

一、基本情况

企业名称:大连祥瑞板材机械有限公司
企业类型:有限责任公司
法人代表:韩东江(经理),宋立民(副经理)
企业住址:大连市中山区桃源街128号
电话、邮编:0411-86265697、116014
开户银行:中国建设银行大连中山支行
账　　号:21201501200053012700
纳税人识别号:210456211580086
经营范围:生产半自动木工截锯、多锯片木工圆锯
财务主管:李童
会　　计:王丽红(兼办税员)
出　　纳:黄洪
职工总数:80人

二、成本核算相关资料

（1）企业有一个基本生产车间，两个辅助生产车间，一是锅炉车间、二是机修车间。辅助车间费用都按直接费用归集。

（2）生产 A、B 两种主要产品、成本计算方法是品种法。

（3）辅助生产成本的分配方法是直接分配法。

（4）原材料按计划成本计价，材料成本差异率为2%。

三、2013年9月份假设发生的经济业务情况

1. 本月材料耗用情况

生产产品——A 产品耗用 32 500 元，B 产品耗用 66 750 元；车间一般耗用 8 000 元；

辅助生产车间耗用 12 000 元，其中：锅炉车间耗用 5 000 元，机修车间耗用 7 000 元；管理部门耗用材料 3 800 元。会计凭证如表 2-177～表 2-179 所示。

表 2-177

材料费用分配汇总表

年　月　日

分配对象		计划成本	差额	实际成本
生产产品耗用				
辅助生产车间耗用	锅炉车间			
	机修车间			
基本生产车间一般耗用				
行政部门耗用				
合计				

表 2-178

转　账　凭　证

年　月　日　　　　　　　　　　　　　　　　　　　字第　号

摘要	总账科目	明细科目	借方									贷方									记账
			百	十	万	千	百	十	元	角	分	百	十	万	千	百	十	元	角	分	
合计	（附件　张）																				

会计主管　　　　　　复核　　　　　　记账　　　　　　出纳　　　　　　制单

表 2-179

转 账 凭 证

年　月　日　　　　　　　　　　　　　字第　号

摘 要	总账科目	明细科目	借方 百十万千百十元角分	贷方 百十万千百十元角分	记账
合　计	（附件　　张）				

会计主管　　　　　复核　　　　　记账　　　　　出纳　　　　　制单

2.耗用外购动力情况

企业本月共支付外购电力费 90 000 元（已预付），耗用总电度数为 90 000 度。其中基本生产车间耗用 75 000 度（按定额工时来分配 A 产品 3 000 工时，B 产品 2 000 小时），辅助生产车间耗用 12 000 度，其中：锅炉车间耗用 10 000 度，机修车间耗用 2 000 度；管理部门耗用 3 000 度。会计凭证如表 2-180 和表 2-181 所示。

表 2-180

外购动力分配表

年　月　日

分配对象		耗用数量（度）	分配标准（定额工时）	分配率	分配金额
基本生产车间	A 产品				
	B 产品				
	小计				
辅助生产车间	锅炉车间				
	机修车间				
行政管理部门					
合计					

表 2-181

转 账 凭 证

年　月　日　　　　　　　　　　　　　　　字第　号

摘要	总账科目	明细科目	借方									贷方									记账
			百	十	万	千	百	十	元	角	分	百	十	万	千	百	十	元	角	分	
合　计	（附件　张）																				

会计主管　　　　　复核　　　　　记账　　　　　出纳　　　　　制单

3. 固定资产折旧情况

企业基本生产车间本月应提折旧费 26 000 元，辅助生产车间提折旧费 8 800 元，其中：锅炉车间 5 800 元，机修车间 3 000 元；行政管理部门应提折旧费 1 200 元。会计凭证如表 2-182 和表 2-183 所示。

表 2-182

固定资产折旧计算表

年　月　日

部　　门		应 借 科 目	本 月 折 旧 额
基 本 生 产 车 间			
辅助生产车间	锅炉车间		
	机修车间		
行 政 管 理 部 门			
合　　计			

表 2-183

转 账 凭 证

年　月　日　　　　　　　　　　　　　　字第　号

摘 要	总账科目	明细科目	借方 百 十 万 千 百 十 元 角 分	贷方 百 十 万 千 百 十 元 角 分	记账
合　计	（附件　张）				

会计主管　　　　　复核　　　　　记账　　　　　出纳　　　　　制单

4. 职工薪酬分配

企业本月应付工资总额 73 400 元。其中生产车间工人薪酬 34 100（按工时比例分配 A 产品 3 000 小时、B 产品 2 000 小时）；基本生产车间管理人员薪酬 11 300 元；辅助生产车间职工薪酬 19 200 元，其中：锅炉车间 7 500 元，机修车间 11 700 元；企业行政管理人员薪酬 20 100 元。会计凭证如表 2-184 和表 2-185 所示。

表 2-184

职工薪酬（工资）分配表

年　月　日

应借科目	应贷科目：应付职工薪酬（工资）				
	A产品	B产品	基本生产车间	辅助生产车间		行政管理部门
				锅炉	机修	
生产成本						
制造费用						
管理费用						
合计						

表 2-185

转 账 凭 证

年　月　日　　　　　　　　　　　　　字第　号

摘要	总账科目	明细科目	借方 百十万千百十元角分	贷方 百十万千百十元角分	记账
合　计	（附件　　张）				

会计主管　　　　　复核　　　　　记账　　　　　出纳　　　　　制单

5. 应付福利费的计算与确认

根据资料如表 2-184 所示职工薪酬（工资）分配表，按工资额 14% 计算福利费。会计凭证如表 2-186 和表 2-187 所示。

表 2-186

职工薪酬（福利费）分配表

年　月　日

应借科目	应贷科目:应付职工薪酬（工资）					
	A产品	B产品	基本生产车间	辅助生产车间		行政管理部门
				锅炉	机修	
生产成本						
制造费用						
管理费用						
合计						

表 2-187

转 账 凭 证

年　　月　　日　　　　　　　　　　　　　　　　　字第　　号

摘要	总账科目	明细科目	借方										贷方										记账
			百	十	万	千	百	十	元	角	分	百	十	万	千	百	十	元	角	分		
合 计	（附件　张）																					

会计主管　　　　　　复核　　　　　　记账　　　　　　出纳　　　　　　制单

6. 社会保险费、住房公积金情况

根据资料见表 2-184 职工薪酬（工资）分配表，计算企业为职工负担的社会保险、住房公积金数额。会计凭证如表 2-188 和表 2-189 所示。

表 2-188

社会保险费、住房公积金计提表

年　　月　　日　　　　　　　　　　　　　　　　　　　　　单位：元

应借科目			应贷科目：应付职工薪酬				合计
			养老保险（19%）	医疗保险（8%）	失业保险（2%）	住房公积金（10%）	
生产成本	基本生产	A产品					
		B产品					
生产成本	辅助生产	锅炉					
		机修					
制 造 费 用							
管 理 费 用							
合 计							

会计主管：　　　　　　　　复核：　　　　　　　　制单：

表 2-189

转 账 凭 证

年　月　日　　　　　　　　　　　　　　　　字第　号

摘要	总账科目	明细科目	借方										贷方										记账
			百	十	万	千	百	十	元	角	分	百	十	万	千	百	十	元	角	分	
合　计	（附件　张）																				

会计主管　　　　复核　　　　记账　　　　出纳　　　　制单

7. 企业水费的耗用情况

本月企业共耗用水 1 200 吨，计价金额 7 200 元。基本生产车间 350 吨，辅助生产车间 700 吨，其中：锅炉车间 580 吨，机修车间 120 吨，管理部门 150 吨。会计凭证如表 2-190 和表 2-191 所示。

表 2-190

企业水费分配表

部　门		耗用数量（吨）	单价	金额
基本生产车间				
辅助生产车间	锅炉车间			
	机修车间			
行政管理部门				
合　计				

表 2-191

转 账 凭 证

年　月　日　　　　　　　　　　　　　　字第　　号

摘要	总账科目	明细科目	借方									贷方									记账
			百	十	万	千	百	十	元	角	分	百	十	万	千	百	十	元	角	分	
合　计	（附件　　张）																				

会计主管　　　　　复核　　　　　记账　　　　　出纳　　　　　制单

8. 辅助生产费用对外分配情况

企业对辅助生产费用采用直接分配法。会计凭证如表 2-192～表 2-194 所示。

表 2-192

辅助生产车间劳务供应通知单

年　月　日

受益单位	耗用工时	用汽立升数
机修车间		101
锅炉车间	20	
基本生产车间	110	450
行政管理部门	54	120
合计	184	671

表 2-193

辅助生产费用分配表

年　月　日　　　　　　　　　　　　　　　　　金额单位:元

项目	分配费用	分配数量	分配率	分配金额			
				基本生产车间		行政管理部门	
				数量	金额	数量	金额
机修车间							
锅炉车间							
合计							

表 2-194

转　账　凭　证

年　月　日　　　　　　　　　　　　　　　　　字第　号

摘要	总账科目	明细科目	借方									贷方									记账
			百	十	万	千	百	十	元	角	分	百	十	万	千	百	十	元	角	分	
合计	（附件　张）																				

会计主管　　　　　复核　　　　　记账　　　　　出纳　　　　　制单

9. 基本生产车间制造费用的分配

企业在月末按照生产产品工时比例分配结转制造费用。会计凭证如表 2-195 和表 2-196 所示。

表 2-195

制造费用分配表

年　月　日　　　　　　　　　　　　　　　　　单位:元

分配对象(产品)	分配标准(实际工时)	分配率(单位成本)	分配金额
合计			

表 2-196

转 账 凭 证

年　月　日　　　　　　　　　　　　　　　　　　字第　　号

摘要	总账科目	明细科目	借方 百十万千百十元角分	贷方 百十万千百十元角分	记账
合计	（附件　张）				

会计主管　　　　复核　　　　记账　　　　出纳　　　　制单

10. 结转完工入库产品成本

企业本月生产的两种产品 A、B 产品全部完工入库。其中：A 产品 8 台，B 产品 9 台。会计凭证如表 2-197 和表 2-198 所示。

表 2-197

完工产品成本计算单

年　月　日　　　　　　　　　　　　　　　　　　单位：元

产品名称	计量单位	产量	直接材料	直接人工	制造费用	产品总成本	产品单位成本
A产品							
B产品							
合计							

制表：　　　　　　　　　　　　　　　　复核：

表 2-198

转 账 凭 证

年　月　日　　　　　　　　　　　　　　　　　　字第　　号

摘要	总账科目	明细科目	借方 百十万千百十元角分	贷方 百十万千百十元角分	记账
合计	（附件　张）				

会计主管　　　　复核　　　　记账　　　　出纳　　　　制单

11. 月末编制科目汇总表(见表 2-199)

表 2-199

科目汇总表

会计科目	本期发生额		会计科目	本期发生额	
	借 方	贷 方		借 方	贷 方
库存现金			短期借款		
银行存款			应付票据		
其他货币资金			应付账款		
交易性金融资产			预收账款		
应收票据			其他应付款		
应收账款			应付职工薪酬		
坏账准备			应交税费		
预付账款			应付利润		
其他应收款			应付利息		
应收股利			长期借款		
材料采购			实收资本		
原材料			资本公积		
周转材料			盈余公积		
库存商品			本年利润		
待处理财产损溢			利润分配		
生产成本			主营业务收入		
制造费用			其他业务收入		
长期股权投资			投资收益		
工程物资			营业外收入		
在建工程			主营业务成本		
固定资产			其他业务成本		
累计折旧			营业税及附加		
固定资产清理			销售费用		
无形资产			管理费用		
累计摊销			财务费用		
长期待摊费用			资产减值损失		
所得税费用			营业外支出		
合 计			合 计		

实训 2.6　往来岗位实训

【能力目标】

(1) 熟悉往来业务的内容。
(2) 能够根据往来业务的内容，填制空白的原始凭证。
(3) 熟练审核原始凭证。
(4) 能够根据审核后的原始凭证编制记账凭证。

【任务描述】

要求学生以往来会计的角色，完成下列会计工作。
(1) 根据经济业务的内容填制空白的原始凭证。
(2) 认真审核原始凭证。
(3) 根据审核的原始凭证编制记账凭证。

【实训资料】

一、企业概况

企业名称：大连祥瑞板材机械有限公司
企业类型：有限责任公司
法人代表：韩东江（经理），宋立民（副经理）
企业住址：大连市中山区桃源街 128 号
电话、邮编：0411-86265697、116014
开户银行：中国建设银行大连中山支行
账　　号：21201501200053012700
纳税人识别号：210456211580086
经营范围：生产半自动木工截锯、多锯片木工圆锯
财务主管：李童
会　　计：王丽红（兼办税员）
出　　纳：黄洪
职工总数：80 人

二、企业 2013 年 9 月 1 日往来账户余额（见表 2-200）

表 2-200

往来账户期初余额表

2013 年 9 月 1 日

总账科目	明细科目	期初余额
应收账款	昌盛实业公司	23 400.00
	大连木通板材厂	58 500.00
	万顺家具厂	130 000.00
	大连新平机修厂	28 400
其他应收款	刘燕	5 000
应付账款	永鑫机械厂	25 000
	鞍山钢铁公司	58 500.00
	大连高金股份有限公司	1 170 000.00

三、本月发生的经济业务

(1) 9 月 1 日，通过银行电汇 58 500 元支付欠鞍山钢铁公司货款。（已知：鞍山钢铁公司开户银行：中国建设银行鞍山分行；账号：2565899546253621；地址：辽宁省鞍山市）会计凭证如表 2-201 和表 2-202 所示。

表 2-201

中国建设银行 China Construction Bank

电 汇 凭 证

币别：			年　月　日	流水号：	
汇款方式	□普通	□加急			
汇款人	全　称		收款人	全　称	
	账　号			账　号	
	汇出行名称			汇入行名称	
金额	（大写）			亿千百十万千百十元角分	

支付密码
附加信息及用途：

客户签章

会计主管　　　授权　　　复核　　　录入

第二联 客户回单

表 2-202

付 款 凭 证

贷方科目：　　　　　　　　　　　　年　月　日　　　　　　　　　　　字第　号

摘　要	借　方　科　目		金　额								
	总账科目	明细科目	百	十	万	千	百	十	元	角	分
附单据　　　张	合　计										

会计主管　　　　复核　　　　　　记账　　　　　　出纳　　　　　　制单

(2) 9 月 6 日收到大连木通板材厂支票一张，金额 58 500 元，是支付所欠的货款。会计凭证如表 2-203～表 2-206 所示。

表 2-203

表 2-204

转账支票背面

附加信息：	被背书人
	背书人签章 年　　月　　日

表 2-205

中国建设银行　　进　账　单　（回　单）　1
　　　　　　　　　　　　　年　　月　　日

出票人	全称		收款人	全称											此联是开户银行交给持票人的回单
	账号			账号											
	开户银行			开户银行		亿	千	百	十	万	千	百	十	元	角	分
金额	人民币 （大写）															
票据种类		票据张数													
票据号码															
复核　　　记账				开户银行签章											

表 2-206

收 款 凭 证

借方科目：　　　　　　　　　　　　　年　月　日　　　　　　　　　　　字第　号

摘　要	贷方科目		金　额								
	总账科目	明细科目	百	十	万	千	百	十	元	角	分
附单据　　张	合　计										

会计主管　　　　复核　　　　　　记账　　　　　　出纳　　　　　　制单

(3)9月8日，签发支票，支付大连大洋服装厂工作服订金15 000元。会计凭证如表2-207～表2-209所示。

表 2-207

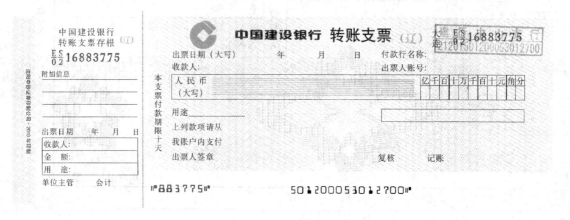

表 2-208

收 款 收 据

收款日期　年　月　日

付款单位		收款单位 （收款人）								收款项目		借款
人民币（大写）			千	百	十	万	千	百	十	元	角	分	结算方式
收款事由			经办	部门								
				人员								
上述款项照数收讫无误。 　收款单位财务专用章： 　　领款人签章		会计主管		稽核			出纳					

使用范围及规定：1.本收据只能用于单位内部和单位与单位、单位与个人之间的非经营性的经济往来，不得代替发票、行政事业性收费（基金）等政府非税收入收据和罚没收据。2.结算方式按现金结算、银行结算和转账等方式分别填写。3.作废时，应加盖作废戳记，并同存根一起保存，不得自行销毁。

表 2-209

付 款 凭 证

贷方科目：　　　　　　　　　　年　月　日　　　　　　　　　字第　号

摘　要	借方科目		金　额								
	总账科目	明细科目	百	十	万	千	百	十	元	角	分
附单据　　　张	合　计										

会计主管　　　　　　复核　　　　　　记账　　　　　　出纳　　　　　　制单

(4)9月13日,收到昌盛实业公司银行承兑汇票,抵付前欠货款23 400元。(已知:昌盛实业公司开户行:大连银行千山路支行;账号:6589666123124)会计凭证如表2-210和表2-211所示。

表 2-210

银行承兑汇票

出票日期（大写）　　　　年　　　月　　　日

出票人全称		收款人	全称	
出票人账号			账号	
付款行全称			开户行	
出票金额	人民币（大写）			千 百 十 万 千 百 十 元 角 分
汇票到期日		付款行	行号	
承兑协议编号			地址	
本汇票请你行承兑到期请予以无条件支付票款。　　　　出票人盖章　　负责　　经办　　年　月　日		本汇票已经本单位承兑,到期日由本行付款。　　　　承兑行签章　　承兑日期　　年　月　日		复核:　记账:

表 2-211

转　账　凭　证

年　　月　　日　　　　　　　　　　　　　字第　　号

摘要	总账科目	明细科目	借方									贷方									记账
			百	十	万	千	百	十	元	角	分	百	十	万	千	百	十	元	角	分	
合　计		（附件　张）																			

会计主管　　　　　复核　　　　　记账　　　　　出纳　　　　　制单

(5)9月15日,从抚顺燃料公司购进焦炭20吨,收到银行转来的委托收款、购货发票等结算凭据,金额12 900元,税额2 193元。由于资金紧张,货款暂欠。(已知:抚顺燃料公司开户行:工商银行中山路支行,账号:230004589762239,纳税人识别号:230982310042158,地址、电话:阜新市矿山路19号 0418-228985)会计凭证如表2-212～表2-215所示。

表 2-212

辽宁省增值税专用发票
扣 税 联

2101244135   №

开票日期:

购货单位	名　　称:						密码区	略
	纳税人识别号:							
	地址、电话:							
	开户行及账号:							
货物或应税劳名称	规格型号	单 位	数 量	单 价	金 额	税率	税额
合　　计							
价税合计（大写）				（小写）			
销货单位	名　　称:						备注	
	纳税人识别号:							
	地址、电话:							
	开户行及账号:							

收款人:　　复核:　　开票人:　　销货单位:（章）

第二联:扣税联　购货方扣税凭证

表 2-213

辽宁省增值税专用发票
发 票 联

2101244135   №

开票日期:

购货单位	名　　称:						密码区	略
	纳税人识别号:							
	地址、电话:							
	开户行及账号:							
货物或应税劳名称	规格型号	单 位	数 量	单 价	金 额	税率	税额
合　　计							
价税合计（大写）				（小写）			
销货单位	名　　称:						备注	
	纳税人识别号:							
	地址、电话:							
	开户行及账号:							

收款人:　　复核:　　开票人:　　销货单位:（章）

第三联:发票联　购货方记账凭证

表 2-214

委托收款（付款通知）5

付款期限 年 月 日

委托日期　　年　月　日

业务类型	委托收款（□邮划、□电划）			托收承付（□邮划、□√电划）			
付款人	全称			收款人	全称		
	账号				账号		
	地址 省 市 县	开户行	工商银行中华路支行		地址 省 市 县	开户行	农业银行中华路支行

金额	人民币（大写）				亿 千 百 十 万 千 百 十 元 角 分

款项内容	货款	托收凭据名称	发票（电划）	附寄单证张数	

商品发运情况	已发送		合同名称号码	

备注：	付款人开户银行签章	付款人注意：
付款人开户银行收到日期 年 月 日 复核 记账	年 月 日	1.根据支付结算办法,上列委托收款款项在付款期限内未提出拒付,即视为同意付款,以此代付款通知。 2.如需提出全部或部分拒付,应在规定期限内,将拒付理由书并附债务证明退交开户银行。

此联付款人开户银行给付款人按期付款通知

表 2-215

转　账　凭　证

年　月　日　　　　　　　　　　字第　号

摘要	总账科目	明细科目	借方									贷方									记账
			百	十	万	千	百	十	元	角	分	百	十	万	千	百	十	元	角	分	
合　计		（附件　张）																			

会计主管　　　　　　复核　　　　　　记账　　　　　　出纳　　　　　　制单

(6) 9月20日，用支票90 000元，预付电费款。客户号码0289450325，电表号4200459。会计凭证如表2-216～表2-218所示。

表2-216

表2-217

辽宁省电力有限公司大连供电公司交费收据

收据联　　大电－SJ－2

开据日期：　　年　　月　　日　　　　　　　　　NO:0954489

客户号	
客户名称	
用电地址	
表号：	
收费金额　　　　元	
目前余额　　　　元	
结算示数　　　　千瓦时	
按本次购电后余额和现行电甲预计是用电量　　　　千瓦时	
参考表示数　　　　千瓦时	
人民币（大写）　　佰　拾　万　仟　佰　拾　元　角　分	

收费单位（盖章有效）　　　　　　　　收费员：

机印收据手开无效。

欢迎您拨打95598电力客户服务热线，供电企业竭诚为您服务。

表 2-218

付 款 凭 证

货方科目：　　　　　　　　　　　　　年　月　日　　　　　　　　　　　字第　号

摘　要	借　方　科　目		金　额								
	总账科目	明细科目	百	十	万	千	百	十	元	角	分
附单据　　张	合　计										

会计主管　　　　复核　　　　　　记账　　　　　　出纳　　　　　　制单

(7)9月20日，向大连建新板材厂销售 A 产品 2 台，增值税专用发票载明金额 96 400 元，税额 16 380 元，货款暂欠。(已知：建新板材厂开户银行：工商银行香炉礁支行；账号：202169111208796；地址、电话：西岗区香炉礁街177号、0411-84585263)会计凭证如表 2-219 和表 2-220 所示。

表 2-219

大连增值税专用发票

2102054178　　　　　此联不做报销、扣税凭证使用　　　　№

开票日期：

购货单位	名　　称：					密码区	略		第一联：记账联　销货方记账凭证
	纳税人识别号：								
	地址、电话：								
	开户行及账号：								
货物或应税劳名称	规格型号	单位	数量	单价	金额	税率	税额		
合　　计									
价税合计（大写）					（小写）				
销货单位	名　　称：					备注			
	纳税人识别号：								
	地址、电话：								
	开户行及账号：								

收款人：　　　复核：　　　　开票人：　　　　销货单位：（章）

表 2-220

转 账 凭 证

年　月　日　　　　　　　　　　　　　　　　　　　字第　号

摘要	总账科目	明细科目	借方										贷方										记账
			百	十	万	千	百	十	元	角	分	百	十	万	千	百	十	元	角	分	
合计	（附件　张）																					

会计主管　　　　复核　　　　记账　　　　出纳　　　　制单

（8）9月22日，收回职工刘燕的借款5 000元。会计凭证如表2-221和表2-222所示。

表 2-221

收 款 收 据

收款日期　年　月　日

付款单位		收款单位（收款人）			收款项目									借款
人民币（大写）					千	百	十	万	千	百	十	元	角	分	结算方式
收款事由					经办	部门								
						人员								
上述款项照数收讫无误。收款单位财务专用章：领款人签章					会计主管	稽核								出纳

使用范围及规定：1.本收据只能用于单位内部和单位与单位、单位与个人之间的非经营性的经济往来，不得代替发票、行政事业性收费（基金）等政府非税收入收据和罚没收据。2.结算方式按现金结算、银行结算和转账等方式分别填写。3.作废时，应加盖作废戳记，并同存根一起保存，不得自行销毁。

表 2-222

收 款 凭 证

借方科目：　　　　　　　　　　　　年　月　日　　　　　　　　　　　字第　号

摘　要	贷　方　科　目		金　额								
	总账科目	明细科目	百	十	万	千	百	十	元	角	分
附单据　　　张	合　计										

会计主管　　　　　复核　　　　　　记账　　　　　出纳　　　　　制单

(9)9月27日，以银行电汇形式支付欠抚顺燃料公司购货款15 093元。会计凭证如表2-223和表2-224所示。

表 2-223

中国建设银行 China Construction Bank

电　汇　凭　证

币别：　　　　　　　　　　　　年　月　日　　　　　流水号：

	汇款方式	□普通		□加急												
汇款人	全　称				收款人	全　称										
	账　号					账　号										
	汇出行名称					汇入行名称										
金额	(大写)						亿	千	百	十	万	千	百	十	元	角	分
				支付密码												
				附加信息及用途：												
											客户签章					

第二联 客户回单

会计主管　　　　　授权　　　　　　复核　　　　　　录入

表 2-224

付 款 凭 证

贷方科目：　　　　　　　　　　年　月　日　　　　　　　　　　字第　号

摘　要	借方科目		金　额								
	总账科目	明细科目	百	十	万	千	百	十	元	角	分
附单据　　　张	合　计										

会计主管　　　　　复核　　　　　　记账　　　　　出纳　　　　　制单

(10) 9 月 30 日，经查新平机修厂，由于破产所欠货款 24 800 元无法收回，报经企业领导审核。允许核销。会计凭证如表 2-225 和表 2-226 所示。

表 2-225

关于坏账损失处理请求

公司领导：

　　我单位上年应收新平机修厂的欠款，人民币贰万肆仟捌佰元整（24 800.00），由于该厂破产，清算结束，资不抵债，无法收回，拟作坏账损失处理。

财务处
2014 年 9 月 30 日

同意核销　韩东江

表 2-226

转 账 凭 证

年　月　日　　　　　　　　　　　　　　　　　　字第　号

摘要	总账科目	明细科目	借方									贷方									记账
			百	十	万	千	百	十	元	角	分	百	十	万	千	百	十	元	角	分	
合计	（附件　张）																				

会计主管　　　　　　复核　　　　　　记账　　　　　　出纳　　　　　　制单

(11) 9月30日，与万顺家具厂达成协议，对方所欠货款中的100 000元，以一台不需要安装的设备抵偿，该设备的原值为98 000元，公允价值78 000元，开具了增值税专用发票，税率为17％。该设备抵债过程中没有发生其他相关税费。另外，经协商，对方向本企业支付补价5 000元，款已收到。（万顺家具厂地址、电话：沙河口区五四路896号、0411-86540059；开户行、账号：中国建设银行沙河口支行、210203789155001578；纳税人识别号：210202189753417）会计凭证如表2-227～表2-232所示。

表 2-227

协 议 书

2013年9月30日

为了经营的需要，祥瑞板材机械有限公司同意接受万顺家具厂用一台不需要安装的设备抵偿债务100 000元。该设备的账面价值为98 000元，双方协商按公允价值计量，公允价值78 000元，增值税率17％，另外，万顺家具厂补价5 000元。双方达成协议。

本协议双方：

名　称：祥瑞板材机械有限公司　　　　　　名　称：万顺家具厂

地　址：大连市中山区桃源街128号　　　　地　址：沙河口区五四路196号

法人代表：韩东江　　　　　　　　　　　　法人代表：孙长力

2013年9月30日

表 2-228

转 账 凭 证

年　月　日　　　　　　　　　　　　　　　　字第　号

摘要	总账科目	明细科目	借方										贷方										记账
			百	十	万	千	百	十	元	角	分	百	十	万	千	百	十	元	角	分		
合计	（附件　张）																					

会计主管　　　　复核　　　　　记账　　　　　出纳　　　　　制单

表 2-229

大连增值税专用发票
扣 税 联

2102094227　　　　　　　　　　　　　　№

开票日期：

第二联：扣税联　购货方扣税凭证

购货单位	名　称：						密码区	略
	纳税人识别号：							
	地　址、电话：							
	开户行及账号：							

货物或应税劳名称	规格型号	单位	数量	单价	金额	税率	税额
合　　计							

价税合计（大写）	（小写）

销货单位	名　称：	备注
	纳税人识别号：	
	地　址、电话：	
	开户行及账号：	

收款人：　　复核：　　开票人：　　销货单位：（章）

表 2-230

大连增值税专用发票
2102094227

发 票 联　　　　№

开票日期：

购货单位	名　　　称：					密码区	略	
	纳税人识别号：							
	地　址、电　话：							
	开户行及账号：							
货物或应税劳名称	规格型号	单位	数量	单价	金　　额	税率	税　额	
合　　　　　计								
价税合计（大写）					（小写）			
销货单位	名　　　称：					备注		
	纳税人识别号：							
	地　址、电　话：							
	开户行及账号：							

第三联：发票联　购货方记账凭证

收款人：　　复核：　　开票人：　　销货单位：（章）

表 2-231

收 款 收 据

收款日期　　年　月　日

付款单位		收款单位（收款人）					收款项目	借款
人民币（大写）			千 百 十 万 千 百 十 元 角 分				结算方式	
收款事由			经办	部门				
				人员				
上述款项照数收讫无误。收款单位财务专用章：　领款人签章			会计主管	稽核			出纳	

使用范围及规定：1.本收据只能用于单位内部和单位与单位、单位与个人之间的非经营性的经济往来，不得代替发票、行政事业性收费（基金）等政府非税收入收据和罚没收据。2.结算方式按现金结算、银行结算和转账等方式分别填写。3.作废时，应加盖作废戳记，并同存根一起保存，不得自行销毁。

表 2-232

收 款 凭 证

借方科目：　　　　　　　　　　年　月　日　　　　　　　　　　　　　字第　号

摘　要	贷方科目		金　额								
	总账科目	明细科目	百	十	万	千	百	十	元	角	分
附单据　　　张	合　计										

会计主管　　　　　复核　　　　　　记账　　　　　　出纳　　　　　　制单

(12)9月30日，采用应收款项百分比法计提坏账准备。(假设第一年计提，计提比例5‰)会计凭证如表2-233和表2-234所示。

表 2-233

坏账准备计算表

年　月　日

坏账准备月初余额	本月借方发生额	本月贷方发生额	本月坏账准备计提基础	计提率 5‰	应计提金额	实际计提金额

表 2-234

转 账 凭 证

年　月　日　　　　　　　　　　　　　　　　　字第　号

摘要	总账科目	明细科目	借　方									贷　方									记账
			百	十	万	千	百	十	元	角	分	百	十	万	千	百	十	元	角	分	
合　计		（附件　张）																			

会计主管　　　　　复核　　　　　　记账　　　　　　出纳　　　　　　制单

(13)9月30日,编制本期发生额试算平衡表如表2-235所示

表2-235

发生额试算平衡表

会计科目	本期发生额		会计科目	本期发生额	
	借方	贷方		借方	贷方
库存现金			短期借款		
银行存款			应付票据		
其他货币资金			应付账款		
交易性金融资产			预收账款		
应收票据			其他应付款		
应收账款			应付职工薪酬		
坏账准备			应交税费		
预付账款			应付利润		
其他应收款			应付利息		
应收股利			长期借款		
材料采购			实收资本		
原材料			资本公积		
周转材料			盈余公积		
库存商品			本年利润		
待处理财产损溢			利润分配		
生产成本			主营业务收入		
制造费用			其他业务收入		
长期股权投资			投资收益		
工程物资			营业外收入		
在建工程			主营业务成本		
固定资产			其他业务成本		
累计折旧			营业税及附加		
固定资产清理			销售费用		
无形资产			管理费用		
累计摊销			财务费用		
长期待摊费用			资产减值损失		
所得税费用			营业外支出		
合计			合计		

实训 2.7　财务成果岗位实训

【能力目标】

(1)能够熟练进行损益业务的处理。
(2)熟练进行利润形成的核算。
(3)熟练进行所得税的计算与核算。
(4)熟练进行利润分配的核算。

【任务描述】

要求学生以财务成果岗位会计的角色,完成以下会计工作。
(1)根据经济业务的内容填制空白的原始凭证。
(2)审核原始凭证,编制记账凭证。
(3)进行利润形成的核算。
(4)计算所得税以及利润分配的核算。

【实训资料】

一、企业概况

企业名称:大连祥瑞板材机械有限公司
企业类型:有限责任公司
法人代表:韩东江(经理),宋立民(副经理)
企业住址:大连市中山区桃源街128号
电话、邮编:0411-86265697、116014
开户银行:中国建设银行大连中山支行
账　　号:21201501200053012700
纳税人识别号:210456211580086
经营范围:生产半自动木工截锯、多锯片木工圆锯
财务主管:李童
会　　计:王丽红(兼办税员)
出　　纳:黄洪
职工总数:80人

二、2013年12月份发生的经济业务

(1)12月1日,向大连建新板材厂销售A产品4台,销售单价48 200元,单位成本

21 200.48 元。增值税税率 17％。收到一张 3 个月期限的商业汇票。同时结转产品销售成本（已知：建新板材厂开户银行：工商银行建设街支行；账号 202169111208796；地址、电话：西岗区建设街 87 号 0411-64585263）会计凭证如表 2-236～表 2-240 所示。

表 2-236

大连增值税专用发票
记 账 联

2102094465　　　　　　　　　　　　　　　　　　　№

开票日期：

第一联：记账联　销货方记账凭证

购货单位	名　　　称：					密码区	略	
	纳税人识别号：							
	地址、电话：							
	开户行及账号：							
货物或应税劳名称	规格型号	单位	数量	单价	金额	税率	税额	
合　　计								
价税合计（大写）					（小写）			
销货单位	名　　　称：					备注		
	纳税人识别号：							
	地址、电话：							
	开户行及账号：							

收款人：　　　　复核：　　　　开票人：　　　　销货单位：（章）

表 2-237

商 业 承 兑 汇 票（收款联） 2　　IX　IV

签发日期　　年　月　日　　　　　第 **8 号

付款人	全　称			收款人	全　称										
	账　号				账　号										
	开户银行	工行河办	行号		开户银行	工行中心路办	行号								
汇票金额	人民币（大写）					千	百	十	万	千	百	十	元	角	分
													¥		
汇票到期日				票面利率											
备注： 　本汇票已经本单位承兑，到期日无条件支付票据款。此致 　　付款人															
付款人盖章				负责		经办									

此联收款人存查

表 2-238

转 账 凭 证

年　月　日　　　　　　　　　　　　　　　　　　字第　号

摘要	总账科目	明细科目	借方									贷方									记账
			百	十	万	千	百	十	元	角	分	百	十	万	千	百	十	元	角	分	
合　计	（附件　张）																				

会计主管　　　　复核　　　　记账　　　　出纳　　　　制单

表 2-239

产品出库单

编号：

用途：销售　　　　　年　月　日　　　　　仓库：

类别	编号	名称及规格	计量单位	数量	单位成本	总成本
	合　计					

第二联 记账联

记账：　　　保管：　　　检验：　　　制单：

表 2-240

转 账 凭 证

年　月　日　　　　　　　　　　　　　　　　　　字第　号

摘要	总账科目	明细科目	借方									贷方									记账
			百	十	万	千	百	十	元	角	分	百	十	万	千	百	十	元	角	分	
合　计	（附件　张）																				

会计主管　　　　复核　　　　记账　　　　出纳　　　　制单

(2)12月6日向大连京源家具厂销售B产品5台,销售单价31 600元,单位成本17 673元,增值税率17%,收到支票一张,送存银行。(已知:大连京源家具厂开户银行:工商银行中山区支行,账号:6458000000095045529;地址、电话:大连中山区智仁街东山巷15号 0411-82681857;纳税人识别号:210202610256897)会计凭证如表2-241～表2-247所示。

表2-241

大连增值税专用发票

记 账 联

2102094466

№

开票日期:

购货单位	名　　称:	密码区	略
	纳税人识别号:		
	地址、电话:		
	开户行及账号:		

货物或应税劳名称	规格型号	单位	数量	单价	金额	税率	税额
合　　计							

价税合计(大写)	（小写）

销货单位	名　　称:	备注
	纳税人识别号:	
	地址、电话:	
	开户行及账号:	

收款人:　　　复核:　　　开票人:　　　销货单位:（章）

第一联：记账联　销货方记账凭证

表2-242

表 2-243

转账支票背面

附加信息：	被背书人
	背书人签章 年　月　日

表 2-244

中国建设银行 进账单（回单） 1

年　月　日

出票人	全称		收款人	全称		亿千百十万千百十元角分	此联是开户银行交给持票人的回单
	账号			账号			
	开户银行			开户银行			
金额	人民币（大写）						
票据种类		票据张数					
票据号码							
		复核　　记账			开户银行签章		

表 2-245

收 款 凭 证

借方科目：　　　　　　　　　年　月　日　　　　　　　　　字第　号

摘　要	贷方科目		金　额							
	总账科目	明细科目	百	十	万	千	百	十	元	角	分
附单据　　张	合　计									

会计主管　　　　　　复核　　　　　　记账　　　　　　出纳　　　　　　制单

表 2-246

产 品 出 库 单

用途：　　　　　　　　　　　　年　月　日　　　　　　　　编号：
　　　　　　　　　　　　　　　　　　　　　　　　　　　　　　仓库：

类别	编号	名称及规格	计量单位	数量	单位成本	总成本
		合　　计				

第二联 记账联

记账：　　　　保管：　　　　检验：　　　　制单：

表 2-247

转　账　凭　证

年　月　日　　　　　　　　　　　　　　字第　　号

摘要	总账科目	明细科目	借方									贷方									记账
			百	十	万	千	百	十	元	角	分	百	十	万	千	百	十	元	角	分	
合　计		（附件　张）																			

会计主管　　　　复核　　　　记账　　　　出纳　　　　制单

(3)12月7日，以支票支付信达广告制作有限公司(税务登记号202902667271055)制作广告牌款 10 000 元。会计凭证如表 2-248～表 2-250 所示。

表 2-248

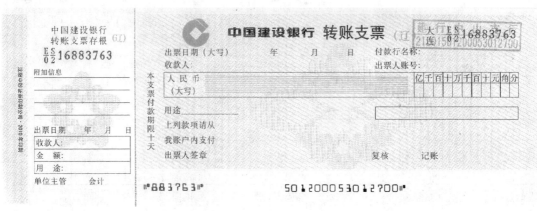

表 2-249

辽宁省地方税务统一发票
UNIFORM INVOICE OF LIAONING LOACL TAXATION

0214789

发 票 联

No: 41526

年 月 日

企业所属行业 KING OF BUSINESS		税务登记号 TAX REGISTR No	210902667271055
项 目: TIEMS			
项 目			金 额
缴款方式:			
金额（大写）:		金额（小写）¥	

收款单位: 收款人: 开票人: （手写无效）
PAYER   PAYEE   ISSUED   NO WRITING INVALID

第二联 报销凭证

表 2-250

付 款 凭 证

贷方科目: 年 月 日   字第 号

| 摘 要 | 借方科目 | | 金 额 | | | | | | | | |
	总账科目	明细科目	百	十	万	千	百	十	元	角	分
附单据 张	合 计										

会计主管   复核   记账   出纳   制单

(4)12月8日用现金购买办公用品：笔记本20本，单价5元；优盘5个，单价80元。会计凭证如表2-251和表2-252所示。

表2-251

辽宁省大连市商业货物销售剪贴发票

发票代码 221020971302

发 票 联

发票号码 10035789

购货单位（人）：　　　　　　年　月　日

货名及规格	单位	数量	单价	金额 （万千百十元角分）	备注	②报销凭证
					本发票联大写金额与剪贴券剪留金额相符（十元以下部分除外）否则无效。	
合计金额（大写）	仟　佰　拾　元　角　分　¥					
结算方式		开户银行及账号				

销货单位（盖章有效）：　　　收款人：　　　开票人：

无剪贴券无效

9 8 7 6 5 4 3 2 1 0 千元		
9 8 7 6 5 4 3 2 1 0 百元	
	9 8 7 6 5 4 3 2 1 0 千元

表2-252

付 款 凭 证

贷方科目：　　　　　　　　年　月　日　　　　　　　字第　号

摘要	借方科目		金额
	总账科目	明细科目	百十万千百十元角分
附单据　　张	合　　计		

会计主管　　　复核　　　记账　　　出纳　　　制单

(5)12月13日有一笔应付给永鑫机械厂的货款25 000元,因其单位撤销而无法支付,现转为营业外收入。会计凭证如表2-253和表2-254所示。

表 2-253

关于无法支付的应付账款处理请求

公司领导:
　　我单位上年应付永鑫机械厂的货款,人民币贰万伍千元整（25 000.00）,由于该厂破产、解体。无法支付,予以核销处理。

财务处
2013年12月13日

同意核销　韩东江

表 2-254

转　账　凭　证

年　月　日　　　　　　　　　　　　　　　字第　号

摘要	总账科目	明细科目	借方 百 十 万 千 百 十 元 角 分	贷方 百 十 万 千 百 十 元 角 分	记账
合计		（附件　张）			

会计主管　　　　　复核　　　　　记账　　　　　出纳　　　　　制单

(6)12月15日企业因污水处置不当,造成环境污染,被环保部门罚款2 850元。会计凭证如表2-255和表2-256所示。

表 2-255

2013 年度

辽宁省行政事业性收费统一收据　　NO 04268518

辽财政监字第 029-10 号

年　月　日

收款单位或姓名			缴款方式							
收费项目	数量	收费标准	金额							
			十	万	千	元	角	分		
金额（大写）			拾	万	仟	佰	拾	元	角	分

凭证 2 号

收款单位（盖章）：　　　　收款人：

表 2-256

付 款 凭 证

贷方科目：　　　　　年　月　日　　　　　字第　号

摘　要	借 方 科 目		金　额								
	总账科目	明细科目	百	十	万	千	百	十	元	角	分
附单据　　张	合　计										

会计主管　　　复核　　　记账　　　出纳　　　制单

（7）12 月 27 日接到银行结息通知，银行借款利息 18 500 元。会计凭证如表 2-257 和表 2-258 所示。

表 2-257

（　　　）利息清单

币别：　　　　　　　　　　　　　　　　　　　　　流水号：

账号		户名			
计息项目	起息日	结息日		利率	利息
合　计（大写）					

上列　　款利息，已照　　　　你单位
　　　　　　　　　　　　　　账户。

　　　　　　　　　　　　　　　　　　　　　银行盖章

会计主管：　　　　授权：　　　　复核：　　　　录入：

表 2-258

付 款 凭 证

贷方科目：　　　　　　　　　年　月　日　　　　　　　　字第　号

摘　要	借　方　科　目		金　额							
	总账科目	明细科目	百	十	万	千	百	十	元	角	分
附单据　　　张		合　计								

会计主管：　　　复核：　　　　记账：　　　　出纳：　　　制单：

(8)12 月 30 日签发转账支票给大连嘉义大酒店，支付企业会务费 15 800 元。会计凭证如表 2-259 和表 2-260 所示。

表 2-259

辽宁省大连市饮食业统一发票

发 票 联

发票代码 221020971310
发票号码 10035799

用户名称：　　　　　　　　　年　月　日

经营项目	单位	数量	单价	金　　额					
				千	百	十	元	角	分
合计金额（大写）	仟　佰　拾　元　角　分								

收款单位（盖章有效）　　　　收款人：　　　　　　开票人：

注：发票联在阳文显现为绿色，大写金额一栏在验钞机照射下呈荧光反映。

表 2-260

付 款 凭 证

贷方科目：　　　　　　　　年　月　日　　　　　　　字第　号

摘　要	借　方　科　目		金　　额								
	总账科目	明细科目	百	十	万	千	百	十	元	角	分
附单据　　张	合　计											

会计主管　　　　复核　　　　　　记账　　　　　出纳　　　　　制单

(9) 12月30日计算确定企业行政管理部门工资、福利费、社会保险、住房公积金。（查表2-254、表2-256、表2-258的计算结果）会计凭证如表2-261和表2-262所示。

表 2-261

行政部门薪酬费用统计表

年　月　日　　　　　　　　　　　　　　　　　　　　　　单位:元

部　门	费　用　明　细				合　计
	工资费用	福利费用	社会保险费	住房公积金	
行政部门					

会计主管：　　　　　　　　复核：　　　　　　　　制单：

表 2-262

转 账 凭 证

年　月　日　　　　　　　　　　　　　　　　　　　字第　号

摘要	总账科目	明细科目	借方 百十万千百十元角分	贷方 百十万千百十元角分	记账
合　计	（附件　张）				

会计主管　　　　复核　　　　记账　　　　出纳　　　　制单

(10)12月30日确定本期应收股利为13 550元，应收国债利息12 200元。会计凭证如表2-263所示。

表 2-263

转 账 凭 证

年　月　日　　　　　　　　　　　　　　　　　　　字第　号

摘要	总账科目	明细科目	借方 百十万千百十元角分	贷方 百十万千百十元角分	记账
合　计	（附件　张）				

会计主管　　　　复核　　　　记账　　　　出纳　　　　制单

(11) 12月30日按规定的比例计提坏账准备906.50元。会计凭证如表2-264所示。

表2-264

转 账 凭 证

年 月 日   字第 号

摘要	总账科目	明细科目	借方 百十万千百十元角分	贷方 百十万千百十元角分	记账
合计		（附件 张）			

会计主管   复核   记账   出纳   制单

(12) 12月30日假设企业本月应交增值税10 000元,已知城建税率7%,教育费附加征收率3%,据此计算应交纳城建设和教育费交加。会计凭证如表2-265和表2-266所示。

表2-265

城建税、教育费附加计算表

年 月 日

项目	计税额	城建税(7%)	教育费附加(3%)	合计
合计				

表2-266

转 账 凭 证

年 月 日   字第 号

摘要	总账科目	明细科目	借方 百十万千百十元角分	贷方 百十万千百十元角分	记账
合计		（附件 张）			

会计主管   复核   记账   出纳   制单

(13)12月30日,结转损益类账户,根据本月1日到30日收支业务,计算损益类账户本月发生额填列发生额表。会计凭证如表2-267~表2-269所示。

表 2-267

损益类账户发生额表

年　　月　　日　　　　　　　　　　　　　　　　　　单位:元

主营业务收入			
主营业务成本			
营业税及附加			
销售费用			
管理费用			
财务费用			
投资收益			
营业外收入			
资产减值损失			
营业外支出			

表 2-268

转 账 凭 证

年　　月　　日　　　　　　　　　　　　　　　　字第　　号

摘要	总账科目	明细科目	借方									贷方									记账
			百	十	万	千	百	十	元	角	分	百	十	万	千	百	十	元	角	分	
合　计	（附件　　张）																				

会计主管　　　　　　复核　　　　　　记账　　　　　　出纳　　　　　　制单

表 2-269

转 账 凭 证

年　月　日　　　　　　　　　　　　　字第　号

摘要	总账科目	明细科目	借方									贷方									记账
			百	十	万	千	百	十	元	角	分	百	十	万	千	百	十	元	角	分	
合　计	（附件　张）																				

会计主管　　　　　复核　　　　　记账　　　　　出纳　　　　　制单

(14) 9 月 30 日按利润总额计算应纳所得税（税率 25%）并结转。会计凭证如表 2-270～表 2-271 所示。

表 2-270

所得税计算

年　月　日　　　　　　　　　　　　　　　　　单位：元

会计利润	纳税调整增减项	应纳税所得额	税率(%)	所得税额

会计主管：　　　　　　　　复核：　　　　　　　　制表：

表 2-271

转 账 凭 证

年　月　日　　　　　　　　　　　　　　　　　　　字第　号

摘 要	总账科目	明细科目	借 方									贷 方									记账
			百	十	万	千	百	十	元	角	分	百	十	万	千	百	十	元	角	分	
合 计	（附件 张）																				

会计主管　　　　　复核　　　　　记账　　　　　出纳　　　　　制单

表 2-272

转 账 凭 证

年　月　日　　　　　　　　　　　　　　　　　　　字第　号

摘 要	总账科目	明细科目	借 方									贷 方									记账
			百	十	万	千	百	十	元	角	分	百	十	万	千	百	十	元	角	分	
合 计	（附件 张）																				

会计主管　　　　　复核　　　　　记账　　　　　出纳　　　　　制单

(15)12月30日将"本年利润"账户累计实现的净利润结转"利润分配—未分配利润"账户。会计凭证如表 2-273 所示。

表 2-273

转 账 凭 证

年　月　日　　　　　　　　　　　　　　　　　字第　号

摘要	总账科目	明细科目	借方									贷方									记账
			百	十	万	千	百	十	元	角	分	百	十	万	千	百	十	元	角	分	
合　计	（附件　张）																				

会计主管　　　　　复核　　　　　记账　　　　　出纳　　　　　制单

(16) 12 月 30 日公司按 10% 提取法定盈余公积金。会计凭证如表 2-274 和表 2-275 所示。

表 2-274

利润分配计算表

年　月　日　　　　　　　　　　　　　　　　　　　　单位：元

利润分配项目	分　配　比　例	分　配　额
合计		

会计主管：　　　　　　　　　　　　制表：

表 2-275

转 账 凭 证

年　月　日　　　　　　　　　　　　　　　　　字第　号

摘要	总账科目	明细科目	借方									贷方									记账
			百	十	万	千	百	十	元	角	分	百	十	万	千	百	十	元	角	分	
合　计	（附件　张）																				

会计主管　　　　　复核　　　　　记账　　　　　出纳　　　　　制单

(17) 12月30日经企业董事会决定，将本期实现的净利润按出资比例的10%向投资者分配。会计凭证如表2-276和表2-277所示。

表 2-276

利润分配计算表

年　月　日

出资人姓名	分配比例	分配额

会计主管：　　　　　　　　　　　　　　　　制表：

表 2-277

转　账　凭　证

年　月　日　　　　　　　　　　　　　　　　字第　号

摘要	总账科目	明细科目	借方 百十万千百十元角分	贷方 百十万千百十元角分	记账
合　计	（附件　张）				

会计主管　　　　复核　　　　记账　　　　出纳　　　　制单

(18) 12月30日按上述资料，将利润分配各明细账户结转"利润分配—未分配利润"账户。会计凭证如表2-278所示。

表 2-278

转　账　凭　证

年　月　日　　　　　　　　　　　　　　　　字第　号

摘要	总账科目	明细科目	借方 百十万千百十元角分	贷方 百十万千百十元角分	记账
合　计	（附件　张）				

会计主管　　　　复核　　　　记账　　　　出纳　　　　制单

(19)12月31日,编制会计科目汇总表如表2-279所示。

表2-279

科目汇总表

会计科目	本期发生额		会计科目	本期发生额	
	借方	贷方		借方	贷方
库存现金			短期借款		
银行存款			应付票据		
其他货币资金			应付账款		
交易性金融资产			预收账款		
应收票据			其他应付款		
应收账款			应付职工薪酬		
坏账准备			应交税费		
预付账款			应付利润		
其他应收款			应付利息		
应收股利			长期借款		
材料采购			实收资本		
原材料			资本公积		
周转材料			盈余公积		
库存商品			本年利润		
待处理财产损溢			利润分配		
生产成本			主营业务收入		
制造费用			其他业务收入		
长期股权投资			投资收益		
工程物资			营业外收入		
在建工程			主营业务成本		
固定资产			其他业务成本		
累计折旧			营业税及附加		
固定资产清理			销售费用		
无形资产			管理费用		
累计摊销			财务费用		
长期待摊费用			资产减值损失		
所得税费用			营业外支出		
合　　计			合　　计		

实训 2.8　总账报表岗位实训

【能力目标】

(1) 能够启用新账。
(2) 能够熟练登记总账。
(3) 能够编制主要的会计报表。

【任务描述】

要求学生以总账报表岗位会计角色，完成下列会计工作。
(1) 根据会计科目表，填制账簿启用表。
(2) 根据本模块 2.1～2.7 业务，登记总账。
(3) 根据本年度发生的经济业务编制发生额试算平衡表。
(4) 根据有关账户资料，编制资产负债表。
(5) 根据有关账户资料，编制利润表。
(6) 根据资产负债表、利润表及相关资料，编制现金流量表。

【实训资料】

一、企业基本情况

企业名称：大连祥瑞板材机械有限公司
企业类型：有限责任公司
法人代表：韩东江(经理)，宋立民(副经理)
企业住址：大连市中山区桃源街 128 号
电话、邮编：0411-86265697、116014
开户银行：中国建设银行大连中山支行
账　　号：21201501200053012700
纳税人识别号：210456211580086
经营范围：生产半自动木工截锯、多锯片木工圆锯
财务主管：李童
会　　计：王丽红(兼办税员)
出　　纳：黄洪
职工总数：80 人

二、相关的会计资料

(1)会计科目及2013年初有关账户余额情况如表2-280所示。

表2-280

会计科目及余额表

2013年1月1日　　　　　　　　　　　　　　　　　　　　　　　　单位:元

编号	一、资产类 名称	余额	编号	二、负债类 名称	金额
1001	库存现金	3 000	2211	应付职工薪酬	54 000
1002	银行存款	105 800	2221	应交税费	3 000
1012	其他货币资金	100 000	2241	其他应付款	2 000
1101	交易性金融资产	20 000	2150	长期借款	120 000
1121	应收票据	50 000		其中一年内到期借款	50 000
1122	应收账款	76 000		三、所有者权益	
1123	预付账款	20 000	4001	实收资本	1 000 000
1131	应收股利	20 000	4002	资本公积	26 000
1221	其他应收款	6 000	4101	盈余公积	22 000
1231	坏账准备		4103	本年利润	
1401	材料采购		4104	利润分配	5 500
1403	原材料	100 000		四、成本类	
1405	库存商品	189 000	5001	生产成本	
1411	周转材料	3 000	5102	制造费用	
1511	长期股权投资	250 000		五、损益类	
1601	固定资产	144 451	6001	主营业务收入	
1602	累计折旧	－63 000	6051	其他业务收入	
1604	在建工程	183 200	6111	投资收益	
1605	工程物资		6301	营业外收入	
1606	固定资产清理		6401	主营业务成本	
1701	无形资产	40 000	6402	其他业务成本	
1702	累计摊销		6403	营业税及及附加	
1801	长期待摊费用	50 000	6610	销售费用	
	其中一年内到期的非流动资产	20 000			
1901	待处理财产损溢		6602	管理费用	
	二、负债类		6603	财务费用	
2001	短期借款	20 000	6701	资产减值损失	
2201	应付票据	23 400	6711	营业外支出	
2202	应付账款	11 551	6801	所得税费用	
2203	预收账款	10 000	6901	以前年度损益调整	

(2) 根据本模块 2.1~2.7 所有业务登记总账。

三、实训要求

(1) 根据表 2-280 中的会计科目,填制账簿启用及经管人员一览表。如表 2-281 和表 2-282 所示。

表 2-281　　　　　　　　账簿启用及经管人员一览表

单位名称			
账簿名称			
册次及起讫页数	自　　　　页起至　　　　页止共　　　　页		粘贴印花
启用日期	年　　　月　　　日		
停用日期	年　　　月　　　日		
经管人员姓　名	接 管 日 期	交 出 日 期	经管人员盖章	会计主管人员盖章
	年　　月　　日	年　　月　　日		
	年　　月　　日	年　　月　　日		
	年　　月　　日	年　　月　　日		
	年　　月　　日	年　　月　　日		
	年　　月　　日	年　　月　　日		
	年　　月　　日	年　　月　　日		
备注			单位公章

表 2-282

账 户 目 录

科目代号	科目	子、细目	账页 起页	账页 止页	科目代号	科目	子、细目	账页 起页	账页 止页

(2)根据2013年度企业发生的业务,登记总账。准备总账一本。如表2-283所示。

表 2-283

总　　账

会计科目_____

年	凭证号	摘要	借方									贷方									核对号	借或贷	余额								
月 日			十	万	千	百	十	元	角	分		十	万	千	百	十	元	角	分				十	万	千	百	十	元	角	分

(3)根据2013年度企业发生全部的经济业务,编制本年度试算平衡表,如表2-284所示。

表2-284

试算平衡表

年　月　日　　　　　　　　　　　　　　　　　　　　　　　　单位:元

会计科目	本期发生额		会计科目	本期发生额	
	借方	贷方		借方	贷方
库存现金			短期借款		
银行存款			应付票据		
其他货币资金			应付账款		
交易性金融资产			预收账款		
应收票据			其他应付款		
应收账款			应付职工薪酬		
坏账准备			应交税费		
预付账款			应付利润		
其他应收款			应付利息		
应收股利			长期借款		
材料采购			实收资本		
原材料			资本公积		
周转材料			盈余公积		
库存商品			本年利润		
待处理财产损溢			利润分配		
生产成本			主营业务收入		
制造费用			其他业务收入		
长期股权投资			投资收益		
工程物资			营业外收入		
在建工程			主营业务成本		
固定资产			其他业务成本		
累计折旧			营业税及附加		
固定资产清理			销售费用		
无形资产			管理费用		
累计摊销			财务费用		
长期待摊费用			资产减值损失		
所得税费用			营业外支出		
合　计			合　计		

(4)根据上述相关资料编制 2013 年初、末简易资产负债表,如表 2-285 所示;编制年末简易利润表如表 2-286 所示。

表 2-285

资产负债表(简易)

会企 01 表

编制单位:　　　　　　　　　　　　年　　月　　日　　　　　　　　　金额单位:元

资产	行次	年初数	期末数	负债和所有者权益	行次	年初数	期末数
流动资产:				流动负债:			
货币资金	1			短期借款	21		
交易性金融资产	2			应付票据	22		
应收票据	3			应付账款	23		
应收账款净额	4			预收款项	24		
预付款项	5			应付职工薪酬	25		
应收利息	6			应交税费	26		
应收股利	7			应付利息	27		
其他应收款	8			其他应付款	28		
存货	9			一年内到期的非流动负债	29		
一年内到期的非流动资产	10			流动负债合计	30		
流动资产合计	11			非流动负债:	31		
非流动资产:	12			长期借款	32		
长期股权投资	13			长期负债合计	33		
固定资产	14			所有者权益(或股东权益):	34		
减:累计折旧	15			实收资本(或股本)	35		
在建工程	16			资本公积	36		
无形资产	17			盈余公积	37		
长期待摊费用	18			未分配利润	38		
非流动资产合	19			所有者权益合计	39		
资产总计	20			负债和所有者权益总计	40		

表 2-286

利 润 表 (简易)

编制单位:　　　　　　　　　　2013 年度　　　　　　　　　　会企 02 表
　　　　　　　　　　　　　　　　　　　　　　　　　　　　　单位:元

项　目	本年金额	上年金额
一、营业收入		略
减:营业成本		
营业税金及附加		
销售费用		
管理费用		
财务费用		
资产减值损失		
加:投资收益(损失以"－"号填列)		
二、营业利润(亏损以"－"号填列)		
加:营业外收入		
减:营业外支出		
其中:非流动资产处置损失		
三、利润总额(亏损总额以"－"号填列)		
减:所得税费用		
四、净利润(净亏损以"－"号填列)		

(5)根据 2013 年度资产负债表、利润表以及 2013 年度发生的经济业务,分析编制现金流量表(主表)如表 2-287 所示,以及附表如表 2-288 所示。

表 2-287

现 金 流 量 表

编制单位:　　　　　　　　　　2013 年度　　　　　　　　　　会企 03 表
　　　　　　　　　　　　　　　　　　　　　　　　　　　　　单位:元

项　目	行次	本年金额	上年金额
一、经营活动产生的现金流量	1		
销售商品、提供劳务收到的现金	2		
收到的税费返还	3		
收到其他与经营活动有关的现金	4		
经营活动现金流入小计	5		
购买商品、接受劳务支付的现金	6		

续表

项目	行次	本年金额	上年金额
支付给职工以及为职工支付的现金	7		
支付的各项税费	8		
支付其他与经营活动有关的现金	9		
经营活动现金流出小计	10		
经营活动产生的现金流量净额	11		
二、投资活动产生的现金流量：	12		
收回投资收到的现金	13		
取得投资收益收到的现金	14		
处置固定资产、无形资产和其他长期资产收回的现金净额	15		
处置子公司及其他营业单位收到的现金净额	16		
收到其他与投资活动有关的现金	17		
投资活动现金流入小计	18		
购建固定资产、无形资产和其他长期资产支付的现金	19		
投资支付的现金	20		
取得子公司及其他营业单位支付的现金净额	21		
支付其他与投资活动有关的现金	22		
投资活动现金流出小计	23		
投资活动产生的现金流量净额	24		
三、筹资活动产生的现金流量	25		
吸收投资收到的现金	26		
取得借款收到的现金	27		
收到其他与筹资活动有关的现金	28		
筹资活动现金流入小计	29		
偿还债务支付的现金	30		
分配股利、利润或偿付利息支付的现金	31		
支付其他与筹资活动有关的现金	32		
筹资活动现金流出小计	33		
筹资活动产生的现金流量净额	34		
四、汇率变动对现金及现金等价物的影响	35		
五、现金及现金等价物净增加额	36		
加：期初现金及现金等价物余额	37		
六、期末现金及现金等价物余额	38		

表 2-288

现金流量补充资料

补充资料	本期金额	上期金额
1.将净利润调节为经营活动现金流量:		
净利润		
加:资产减值准备		
固定资产折旧、油气资产折耗、生产性生物资产折旧		
无形资产摊销		
长期待摊费用摊销		
处置固定资产、无形资产和其他长期资产的损失(收益以"－"号填列)		
固定资产报废损失(收益以"－"号填列)		
公允价值变动损失(收益以"－"号填列)		
财务费用(收益以"－"号填列)		
投资损失(收益以"－"号填列)		
递延所得税资产减少(增加以"－"号填列)		
递延所得税负债增加(减少以"－"号填列)		
存货的减少(增加以"－"号填列)		
经营性应收项目的减少(增加以"－"号填列)		
经营性应付项目的增加(减少以"－"号填列)		
其他		
经营活动产生的现金流量净额		
2.不涉及现金收支的重大投资和筹资活动:		
债务转为资本		
一年内到期的可转换公司债券		
融资租入固定资产		
3.现金及现金等价物净变动情况:		
现金的期末余额		
减:现金的期初余额		
加:现金等价物的期末余额		
减:现金等价物的期初余额		
现金及现金等价物净增加额		

模块三 会计综合模拟实训——手工操作实训

实训 3.1 会计从业基础知识实训

【能力目标】

(1)能够正确地书写阿拉伯数字。
(2)能够规范、清晰、流畅书写大写的金额。
(3)能够正确签发支票、使用预留银行印鉴。

【任务描述】

1. 正确填制原始凭证

(1)原始凭证的记录要真实、内容要完整、手续要完备,对于自制的原始凭证必须有经办部门的负责人或其他指定人员签字或盖章;对外开出的原始凭证必须加盖本单位公章;从外单位取得的原始凭证,必须盖有填制单位的公章;从个人取得的原始凭证,必须有填制人员的签名盖章。

(2)原始凭证中文字和阿拉伯数字的书写都要规范。文字要简要,字迹要清楚。小写金额用阿拉伯数字逐个书写,在数字前应加写人民币号"¥",数字填写到角分。无角分,应写(00)或"—"有角无分,分位应写"0"不得用"—"代替。

(3)大写数字的书写应规范,如壹、贰、叁、肆、伍、陆、柒、捌、玖、拾、佰、仟、万、亿、元、角、分、零、整等。并注意:"角"不能用"毛"代替,"零"不能写"另";大写金额未到分位的,应在其后写"整"字;阿拉伯数字中有"0"的大写金额应写"零",大写金额前要冠有"人民币"字样,其与大写金额首位数字之间不留有空位,数字之间更不能留有空位。

(4)对于支票的书写要求:支票日期必须使用中文大写,并且在填写月、日时,若月为壹、贰和壹拾的,日为壹至玖,应在其大写数字的前面加"零",如1月8日应写为零一月零捌日。日为拾壹至拾玖的应在其前面加"壹",如11月30日应写为壹拾壹月零叁拾日。

2. 正确填制记账凭证

(1)摘要栏的填写要简明扼要,明确清晰。

(2)会计科目应保持清晰、正确的对应关系,科目要写全称,不能简化,子目、细目要准确。

(3)凭证中阿拉伯数字,要逐个填写独立有形,其高度占全格的 1/2 的位置,要为更正错误数字留余地。除 6、7、9 外,其他数码高低要一致。书写数字"6"时,上端比其他数字高出 1/4,书写数字"7"和"9"时,下端比其他数码伸出 1/4。

(4)填制经济业务的金额后应加计合计数,并在合计数前加"¥",对剩余的金额栏应划线注销。

(5)对所附单据的张数,应用大写数。

3. 正确登记账簿

各种账簿在启用时,应先填写"账簿启用及经管人员一览表",包括:启用日期、记账人员会计主管并签字盖章等,然后在下一页填明所记账户的目录。具体要求如下。

(1)每一种账簿第一页的页眉上应写明账户的名称,第一行的摘要栏内应注明"上年结转"字样,将期初余额登入余额栏,标明余额的方向。

(2)登账时,应按会计凭证上所标明的内容详细登记,登记完后应做好标记,登账应用蓝黑墨水或碳素墨水书写,不得用圆珠笔或铅笔书写,所写文字和数字应紧靠底线,不得充满格,不得跳行、隔页,如果发生跳行、隔页的情况,应当在空行或空页上,划对角红线注销,或注明"此行作废"、"此页作废"的字样,并有记账人员签名或盖章。

(3)如发现账簿有错,不得涂改、挖补、刮擦或用药水消除字迹,也不能重新抄写,应区别账簿错误的原因,分别用红线更正法、红字冲销法、补充登记法进行错账更正。在对错账的文字或数字划线更正时,必须保持原有字迹清晰可辨,划红线后,在其上方填写正确的文字或数字,并由记账人员在更正处盖章留印。

(4)每一账页登记完毕,应结出本页合计数及余额,写于本页最后一行和下一页第一行有关栏内,并在摘要栏分别注明"转下页"和"承前页"的字样。

(5)平时,除现金日记账和银行存款日记账需要逐日结出余额外,其他账户根据需要结出余额。月末必须结出账户的余额。

4. 正确编制会计报表

每月终了,要根据总账和有关明细账的记录,编制资产负债表、损益表;年度终了还要编制现金流量表。具体要求如下。

(1)真实可靠。

(2)便于理解。

(3)相关可比。

(4)全面完整。

(5)编报及时性。

【实训资料】

(1) 阿拉伯数字书写格式如图 3-1 所示。

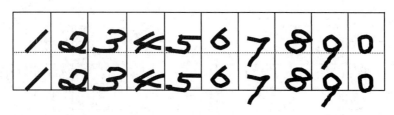

图 3-1

(2) 大写数字参考字体如表 3-1 所示。

表 3-1

壹	贰	叁	肆	伍	陆	柒	捌	玖	拾	零	佰	仟	万	元	角	分
壹	贰	叁	肆	伍	陆	柒	捌	玖	拾	零	佰	仟	万	元	角	分

(3) 2013 年 12 月 12 日长兴有限公司签发转账支票支付上个月所欠兴达有限公司的购货款,185 674 元;12 月 20 日签发现金支票从银行提取现金 2 000 元备用。

要求:

(1) 书写阿拉伯数字。

(2) 书写大写数字。

(3) 签发转账支票见表 3-2,现金支票见表 3-4 和表 3-5,并加盖企业预留银行的印鉴。

(4) 填制记账凭证。如表 3-3、表 3-6 和表 3-7 所示。

表 3-2

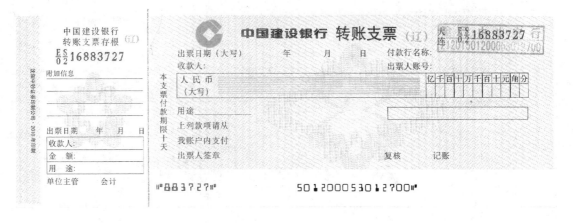

表 3-3

付 款 凭 证

贷方科目：　　　　　　　　　　　　年　月　日　　　　　　　　　　　　字第　号

摘要	借方科目		金额								
	总账科目	明细科目	百	十	万	千	百	十	元	角	分
附单据　　张	合　计										

会计主管　　　　复核　　　　记账　　　　出纳　　　　制单

表 3-4

| 中国建设银行
现金支票存根（辽）
ES/02 10767278
附加信息

出票日期　年　月　日
收款人：
金　额：
用　途：
单位主管　　会计 | 中国建设银行　现金支票（辽）　大连　ES/02 10767278

出票日期（大写）　　年　月　日　　付款行名称：
收款人：　　　　　　　　　　　　　出票人账号：
人民币
（大写）　　　　　　　　　　　　亿千百十万千百十元角分
用途：
上列款项请从
我账户内支付
出票人签章　　　　　　　　　　复核　　　记账 |

表 3-5

现金支票背面

附加信息：	
	收款人签章 年　月　日 身份证件名称：　　发证机关 号码

（粘贴单处）

表 3-6

付 款 凭 证

贷方科目：　　　　　　　　　　　　　年　月　日　　　　　　　　　　　　　字第　号

摘　要	借方科目		金　额								
	总账科目	明细科目	百	十	万	千	百	十	元	角	分
附单据　　　张	合　　计										

会计主管　　　　　复核　　　　　　　记账　　　　　　出纳　　　　　　制单

表 3-7

通 用 证 账 凭 证

年　月　日

摘要	总账科目	明细科目	借方金额									贷方金额									记账
			百	十	万	千	百	十	元	角	分	百	十	万	千	百	十	元	角	分	
附单据　张	合　计																				

会计主管人员　　　记账　　　　稽核　　　　制单　　　　出纳　　　　交领款人

实训 3.2　小型企业综合业务实训

【能力目标】

(1) 能够独立开设账户，登记期初余额。
(2) 熟悉经济业务，认识原始凭证；会填制空白的原始凭证，审核原始凭证。

(3)能够根据审核无误的原始凭证填制记账凭证。
(4)能够根据审核无误的会计凭证登账、对账、结账。
(5)能够根据账簿等资料编制会计报表。

【任务描述】

熟悉模拟实训企业的概况,进行综合业务处理。

(1)开设账户:根据本教程所给的建账资料开设现金日记账、银行存款日记账、总账和各种明细账,登记期初余额。

(2)填制空白原始凭证:根据给出的经济业务填制空白原始凭证,加盖有关印鉴。

(3)编制记账凭证:对填制后的原始凭证进行审核,审核无误后编制记账凭证。

(4)登记账簿:对现金、银行存款日记账和有关的明细账,应在业务发生时,根据填制和审核后的原始凭证逐日逐笔登记,对于总账采用科目汇总表核算组织程序。

(5)对账、结账:月末结出各类账户的本期发生额及期末余额,将总账、日记账、明细账中有关内容进行核对,并按权责发生制的要求,计算结转损益。

(6)编制会计报表:根据正确无误的账簿记录编制资产负债表、损益表。

(7)月末将整理好的会计凭证装订成册加具封皮。

(8)将增值税专用发票抵扣联整理后装订成册加具封皮。

(9)将账页整理后加具封皮。

(10)将会计报表加具封皮。

【实训资料】

一、企业的基本情况

企业名称:大连铜辉标牌有限公司
企业地址:大连市甘井子松岭路189号
法人代表:刘昌俊(经理),常立松(副经理)
财务经理:王盛华
会　　计:刘智慧
出　　纳:关林丽
电　　话:0411-86494588
开户银行:中国工商银行甘井子支行
账　　号:1068800082827898
纳税人识别号:21020210054321

大连铜辉标牌有限公司是一般纳税人,该公司主要生产有机玻璃标牌和不锈钢标两种产品。该企业外购材料采用实际成本计价,会计核算采用科目汇总表核算组织形式,对已销售产品成本计算,采用全月一次加权平均法。

二、2013年12月账户期初余额资料（见表3-8～表3-11）

表3-8

总账和相关明细账余额

2013年12月1日

总账科目	余额	明细账	余额
库存现金	925.63	现金日记账	925.63
银行存款	253 788.95	银行存款日记账	253 788.95
其他货币资金		银行汇票存款	
		外埠存款	
应收账款	326 470.00	华光电子仪器厂	181 250.00
		万信整流器厂	145 220.00
		沈阳机械厂	
预付账款		预付房屋修理费	
		预付报刊费	
		预付财产保险费	
其他应收款	8 600.00	周成山	8 600.00
在途物资		长信有机玻璃厂	
		河口物资供应站	
原材料	75 860.00	有机玻璃板	29 400.00
		不锈钢板	31 360.00
		油漆	15 000.00
生产成本	6 810.00	玻璃标牌（1号）	6 810.00
		不锈钢标牌（2号）	
制造费用			
库存商品	82 800.00	1号产品	21 600.00
		2号产品	61 200.00
固定资产	582 767.00	机器设备	240 767.00
		房屋建筑物	342 000.00
累计折旧	贷方 84 678.00		
坏账准备			
固定资产清理			
短期借款	400 000.00	商品流转借款	400 000.00
应付账款	107 114.89	长信有机玻璃厂	66 873.52

续表

总账科目	余 额	明细账	余 额
		河口物资供应站	40 241.37
应付职工薪酬	17 663.64		
应交税费	16 256.62	应交所得税	(贷)17 820.00
		应交增值税	
		未交增值税	借方 1 563.38
应付利息			
实收资本	500 000.00	法人资本	500 000.00
资本公积	18 000.00		
盈余公积	81 046.00		
本年利润			
利润分配	113 262.43	提取盈余公积	
		应付利润	
主营业务收入		1号产品	
		2号产品	
主营业务成本		1号产品	
		2号产品	
营业税金及附加		城建税	
		教育费附加	
销售费用			
管理费用			
财务费用			
资产减值损失			
营业外支出			
所得税费用			

表 3-9

原材料明细账

类别及名称	结 存	数 量	单 价	金 额
主要材料	有机玻璃板	1 050 千克	28.00	29 400.00
	不锈钢板	980 千克	32.00	31 360.00
辅助材料	油 漆	300 罐	50.00	15 000.00
合计				75 760.00

表 3-10

生产成本明细账

产品名称及编号 \ 项目	直接材料	直接人工	制造费用	合计
有机玻璃标牌（1号）	4 767.00	2 043.00	0	6 810.00
不锈钢标牌（2号）	0	0	0	0

表 3-11

库存商品明细账

产品名称及编号 \ 项目	数量	单价	金额
有机玻璃标牌（1号）	1 800 块	12.00	21 600.00
不锈钢标牌（2号）	3 400 块	18.00	61 200.00
合计			82 800.00

三、2013年12月发生的经济业务情况

(1) 12月1日签发现金支票从银行提取现金28 000元备用。

(2) 12月1日产品生产领用材料如下：

用途	材料名称	领用数量	单位成本	领料人
1号产品	有机玻璃板	200 千克	单价 28 元	张刚
2号产品	不锈钢板	500 千克	单价 32 元	吴杰

(3) 12月2日从鞍山长信有机玻璃厂购买材料1 000千克，单价28元。收到增值税专用发票，金额28 000元，税额4 760元。货已验收入库，货款尚未支付。（长信厂地址、电话：鞍山市铁东区五一路205号、2232842；开户行及账号：中国银行鞍山支行7210201107220138905；税务登记号：210302925736725）

(4) 12月2日向大连华光电子仪器厂销售产品开出增值税专用发票，货已发出款未收。

产品名称	销售数量	单价	价款	税额	单位成本
1号产品	800 块	20 元	16 000 元	2 720 元	12 元
2号产品	1 000 块	26 元	26 000 元	4 420 元	18 元

（华光厂地址、电话：大连市甘井子区山中街16号 0411-86692345；开户行及账号：工行甘井子支行3400201107220138905；税务登记号：210211925736725）

(5) 12月3日从大连齐辉电脑营销公司（地址：长兴电子城B座12号、电话：8654006；开户行及账号：大连银行长兴分理8700569221456140109），购进台式计算机型号P-NLX一台8 250元，爱普打印机一台4 820元。总计金额计13 070元（含税），用现金支付。（预计使用年限5年，净残值为零）

(6) 12月3日签发转账支票一张，从河口物资供应站购买材料，收到增值税专用发票：

材料名称	数量	单价	价款	税额
不锈钢板	1 000 千克	32 元	32 000 元	5 440 元

货已验收入库。(河口物资供应站地址:大连长兴街126号,电话0411-84520241;开户行及账号:广发银行大连营业部780151812009646。税务登记号:210204763757653)

(7) 12 月 3 日通过银行预交所得税 17 820 元,收到所得税交款书。

(8) 12 月 3 日,向万信整流器厂销售产品,开出增值税专用发票,货已发出收到对方的支票,并填写进账单送存银行。

产品名称	销售数量	单价	价款	税额	单位成本
1 号产品	700 块	20 元	14 000 元	2 380 元	12 元
2 号产品	800 块	26 元	20 800	3 536 元	18 元

(万信整流器厂地址、电话:大连中山区人民路0411-82653458;开户行及账号:广发大连营业部78015195200467;税务登记号:210202374757638)

(9) 12 月 3 日厂部管理人员常立松出差预借差旅费 2 000 元,以现金支付。

(10) 12 月 6 日产品生产领用材料。

用途	材料名称	领用数量	单位成本	领料人
1 号产品	有机玻璃板	200 千克	28 元	张刚
2 号产品	不锈钢板	500 千克	32 元	吴杰

(11) 12 月 6 日收到华光电子仪器厂交来支票一张,支付前欠货款,金额 150 000 元。

(12) 12 月 7 日签发支票向雨林广告公司,支付广告费 7 875 元。

(13) 12 月 8 日报销市内交通费 2 680 元,其中,车间 1 280 元,管理部门 1 400 元。

(14) 12 月 8 日生产产品领用材料

用途	材料名称	领用数量	单位成本	领料人
生产 1 号产品	有机玻璃板	150 千克	28 元	张刚
生产 2 号产品	不锈钢板	400 千克	32 元	吴杰

(15) 12 月 8 日领用油漆一批,具体资料如下:

用途	领用数量	单位成本	领料人
生产 1 号产品	25 罐	50 元	张刚
生产 2 号产品	5 罐	50 元	吴杰
车间一般消耗	3 罐	50 元	王洪礼
管理部门消耗	7 罐	50 元	关林丽

(16) 12 月 9 日向大连万信整流器厂销售产品,开出增值税专用发票,货已发出,收到支票送存银行。(万信厂地址、电话:大连甘井子区松江路177号,0411-86863598;开户行及账号:工行甘井子支行 34002011119860028765;纳税识别号:210211879447765)

产品名称	销售数量	单价	价款	税额	单位成本
1 号产品	100 块	20 元	2 000 元	340 元	12 元
2 号产品	1 500 块	26 元	39 000 元	6 630 元	18 元

(17) 12 月 9 日预提本月应负担的短期借款,本金 400 000 元,年利率 5.5%。

(18) 12 月 9 日根据表 3-44(工资明细支付表)、表 3-45(社会保险、住房基金计提分配表)的资料,计算填列表中的明细项目。

(19) 12 月 10 日根据"12 月份工资支付明细表"编制"职工薪酬结算汇总表",根据汇总表中的实发工资额,签发现金支票提取现金备发工资。

(20)12月10日根据"职工薪酬结算汇总表"以现金发放工资,代扣社会保险金、代扣个人所得税。

(21)12月10日填制支票从基本存款户转账金额(见表3-48和表3-49)到大连银行保险户。(大连银行—保险户账号:802302210040245)。

(22)12月13日转账支票上缴社会保险金和住房基金。

(23)12月14日上缴个人所得税。

(24)12月16日,用支票从长兴电子城购进笔记本20本,单价25元;移动硬盘15个,单价850元。

(25)12月17日委托银行签发银行汇票金额80 000元,到山东信阳有机玻璃厂购进玻璃板。(信阳玻璃厂开户银行建设银行,账号:2100130020112120)。

(26)15日向沈阳黎明机械厂销售不锈钢标牌100块,单价26元,金额2 600元,税额442元,商品已经发出,采用委托银行收款结算方式,已经办妥手续。(沈阳黎明机械厂地址:沈阳大东区、电话:024-621300;开户银行:中国建银行大东区支行,账号:2100132261121132;税务登记号:210110200056989)

(27)12月17日,企业一台006号设备,由于管理不善已经失修,现申请报废核销。原值58 000预计使用年限5年,实际使用4年,净残值率按5%计算,已经提取折旧4年。

(28)12月17日用现金支付行政部门手机费1 200元。

(29)12月20日将现金2 500元送存银行。

(30)12月21日报销企业职工培训费350元。

(31)12月21日购买支票两本,现金支票一本25元,转账支票一本金额30元.

(32)12月22日按合同规定汇出款项10 000元,在工商银行锦州锦西支行,开立临时存款户,账号:6580000015556987128。

(33)12月23日收到工商银行转来电力公司托收凭证,付讫电费12 784元。当即按下列固定的比例分配水电费。(电力公司地址:大连中山区中山路102号;电话:0144-95598 开户行及账号:大连银行中山分理处,210150100056000978)

生产车间 75%
行政管理部门 25%

(34)12月24日,签发转账支票一张,金额1 200元,支付星海会展中心商品交易会的摊费。

(35)12月24日签发转账支票金额2 538元,支付天天渔港餐费。

(36)12月24签发支票金额11 700元,支付上个月所欠河口物资采购站购货款。

(37)12月27日向华丽国际电力有限公司销售有机玻璃标牌100块,单价20元,开出增值税专用发票,金额2 000元,税额340元。货已送到,收到商业汇票。(华丽公司地址、电话:大连市大连湾镇0411-87112489;税务登记号:2102116045844187;开户行及账号:工行大连湾支行21201501220054400576)

(38)12月26日签发支票,金额1 258元,支付税务部门罚款。

(39)12月30日在财产清查中,发现车间005号一台设备丢失。该设备的原值25 000元,已提折旧21 000元,无法查明丢失原因,报请批准转作营业外支出处理。

(40)12月31日摊销应由本月负担的财产保险费,年初预付120 000元,规定按月摊销,车间摊销75%,管理部门摊销25%。

(41)12月31日按应收账款的5‰计提坏账准备(企业初次计提坏账准备)。
(42)12月31日按流转税额计算本月应交城建税(7%),教育费附加(3%)。
(43)12月31日计提本月固定资产折旧费。
(44)12月31日分配本月工资费用,工资费用情况见表3-46所示。生产工人工资费用按产品工时比例在产品之间进行分配(1号产品生产工时1 000个,2号产品生产工时2 000个)。
(45)12月31日计算确定分配本月应付福利费,见表3-46所示。生产工人福利费按产品工时比例在产品之间进行分配。(1号产品生产工时1 000个,2号产品生产工时2 000个)。
(46)12月31日按产品生产工时分配结转制造费用。
(47)12月31日计算结转本月完工产品成本。已知本月2号产品4 038块,全部完工,验收入库,1号产品未完工。
(48)12月31日结转本月已销售产品产品成本。
(49)12月31日将本月损益类账户的余额结转到"本年利润"账户中。
(50)12月31日根据本年实现的利润额,按25%计算所得税。
(51)12月31日按净利润的10%计提一般盈余公积。
(52)12月31日将本年利润账户中的净利润转到利润分配——未分配利润账户中。
(53)12月31日结转利润分配的明细账。
(54)12月31日根据账簿记录及有关的资料编制会计报表。
以上经济业务题涉及的原始凭证见附录。

【实训用具】

(1)所需通用记账凭证100账。
(2)凭证封皮1张。
(3)增值税专用发票抵扣联装订封面1张。
(4)小剪刀1把。
(5)模拟印章一套。
(6)所需账页及相关的资料。
①账簿启用表3张。
②总账账页20张。
③现金日记账1张。
④银行存款日记账1张。
⑤明细账(三栏式)15张。
⑥生产成本明细账2张。
⑦库存商品明细账2张。
⑧应交增值税明细账2张。
⑨数量金额式明细账3张。
⑩多栏式明细账2张。
(7)所需会计报表2张。
①资产负债表1张。
②损益表1张。

模块四　会计综合模拟实训——电算化操作实训

实训 4.1　电算化基础设置实训

【能力目标】

(1) 了解会计电算化的基本原理。
(2) 熟悉"用友财务软件"的应用。
(3) 能够熟练地进行系统登录。
(4) 会新建账套。
(5) 熟练设置操作员及其权限。
(6) 会建立会计科目体系,熟练运用会计科目体系。
(7) 会设置核算项目,能熟练运用设置的档案资料。
(8) 具备输入初始数据的能力和启用账套的能力。

【任务描述】

使用"用友财务软件"进行系统登录,新建大连同辉标牌有限公司账套。
(1) 建立账套,账套号019。
(2) 账套名称,大连同辉标牌有限公司,简称(DLTHBP)。
(3) 公司成立于2005年6月,账套启用时间2013年1月。
(4) 公司地址,大连市甘井子千山路159号。
(5) 记账本位币,人民币。
(6) 存货、客户、供应商不分类,无外币业务。
(7) 数量、单价核算保留小数2位。
(8) 会计科目编码规则为 4-2-2-2-2。
(9) 系统启用模块根据需要选择。
(10) 在建立的大连同辉标牌有限公司的账套中增加操作员并设置相应的权限。
(11) 建立大连同辉标牌有限公司会计科目体系。
(12) 设置核算项目,运用设置的档案资料。

(13) 设置凭证类别、设置结算方式。
(14) 输入初始数据和启用账套。

【实训资料】

一、系统登录操作实训

(1) 启用"用友财务软件",在系统管理中进行系统管理注册。
(2) 建立有关会计账套:账套号为 019;账套名大连同辉标牌有限公司,公司成立于 2005 年 6 月,于 2013 年 1 月正式启用账套。
(3) 在建立的会计账套中输入如下信息。

单位名称:大连同辉标牌有限公司,简称:DLTHBP;单位地址:大连市甘井子千山路 159 号;记账本位币为人民币;公司性质为工业非股份制;存货、客户、供应商不分类,无外币业务;会计科目编码规则为 4-2-2-2-2;数量、单价核算为保留小数位 2 位。

二、设置操作员及其权限实训

在已经建立的大连同辉标牌有限公司账套中增加操作员并设置相应的权限。如表 4-1 所示。

表 4-1　　　　　　　　　　　操作员表

编号	姓名	口令	确定口令	所属部门	角色	完成操作
001	王盛华	101	101	财务部	账套主管	单击【增加】按钮
002	刘智慧	102	102	财务部	会计	单击【增加】按钮
003	关林丽	103	103	财务部	出纳	单击【增加】按钮

三、建立会计科目体系实训

根据企业的实际情况建立一套新的会计科目体系。

(1) 设置完成用户后,首先由账套主管王盛华打开大连同辉标牌有限公司的账套,进入其账务系统的总账系统。
(2) 对其已经预设的一级会计科目进行一定的修改,将有些会计科目修改成新会计制度中规定的会计科目,再增加相应的明细科目。如表 4-2 所示。

表 4-2　　　　　　　　　　　会计科目体系
2013 年 12 月 1 日

科目类型	科目编码	科目名称	科目级次	余额方向	备注
资产	1001	库存现金	1	借	说明:有的科目是已经预设,有的科目需要增加(略)
资产	1002	银行存款	1	借	
资产	100201	工商银行	2	借	

续表

科目类型	科目编码	科目名称	科目级次	余额方向	备注
资产	100202	大连银行	2	借	
资产	1012	其他货币资金	1	借	
资产	101201	外部存款	2	借	
资产	101202	银行汇票存款	2	借	
资产	1122	应收账款	1	借	客户往来
资产	1123	预付账款	1	借	
资产	1221	其他应收款	1	借	
资产	1401	材料采购	1	借	
资产	1403	原材料	1	借	
资产	140301	有机玻璃板	2	借	
资产	140302	不锈钢板	2	借	
资产	1505	库存商品	1	借	
资产	150501	1号产品	2	借	
资产	150502	2号产品	2	借	
资产	1601	固定资产	1	借	
资产	1602	累计折旧	1	贷	
资产	1231	坏账准备	1	贷	
资产	1606	固定资产清理	1	借	
资产	1901	待处理财产损溢	1	借	
负债	2001	短期借款	1	贷	
负债	2202	应付账款	1	贷	供应商往来
负债	2211	应付职工薪酬	1	贷	
负债	2221	应交税费	1	贷	
负债	222101	应交所得税	2	贷	
负债	222102	应交增值税	2	贷	
负债	22210201	进项税额	3	贷	
负债	22210202	销项税额	3	贷	
负债	22210203	已交税额	3	贷	
负债	222103	应交城建税	2	贷	
负债	2231	应付利息	1	贷	
权益	3001	实收资本	1	贷	
权益	3002	资本公积	1	贷	
权益	3101	盈余公积	1	贷	

续表

科目类型	科目编码	科目名称	科目级次	余额方向	备注
权益	310101	法定盈余公积	2	贷	
权益	310102	任意盈余公积	2	贷	
权益	3103	本年利润	1	贷	
权益	3104	利润分配	1	贷	
权益	310401	未分配利润	2	贷	
权益	310102	提取法定盈余公积	2	贷	
权益	310303	提取任意盈余公积	2	贷	
权益	310103	应付利润	1	贷	
成本	4001	生产成本	1	借	
成本	400101	有机玻璃标牌	2	借	
成本	400102	不锈钢标牌	2	借	
成本	4002	制造费用	1	借	
损益	5001	主营业务收入	1	贷	
损益	500101	1号产品收入	2	贷	
损益	500102	2号产品收入	2	贷	
损益	5301	主营业务成本	1	借	
损益	530101	1号产品成本	2	借	
损益	530102	2号产品成本	2	借	
损益	5303	营业税金及附加	1	借	
损益	5501	销售费用	1	借	
损益	550101	产品广告费	2	借	
损益	5502	管理费用	1	借	
损益	550201	办公费	2	借	
损益	550202	业务招待费	2	借	
损益	550203	市内交通费	2	借	
损益	5503	财务费用	1	借	
损益	550301	利息费用	2	借	
损益	5701	资产减值损失	1	借	
损益	5711	营业外支出	1	借	
损益	5801	所得税费用	1	借	

四、设置核算项目实训

(1)设置部门档案,如表4-3所示。

表 4-3　　　　　　　　　　　　部门档案表

部门编号	部门名称	上级部门编号	上级部门名称
1	经理办公室	无	无
2	财务科	无	无
3	生产车间	无	无

(2)设置供应商档案,如表 4-4 所示。

表 4-4　　　　　　　　　　　　供应商档案表

供应商编号	供应商名称	供应商简称
01	鞍山长信有机玻璃厂	长信玻璃
02	大连河口物资供应站	河口物资
03	山东信阳玻璃厂	信阳玻璃

(3)设置客户档案,见表 4-5 所示。

表 4-5　　　　　　　　　　　　客户档案表

客户编号	客户名称	客户简称
01	大连华光电子仪器厂	华光电子
02	大连万信整流器厂	万信整流器
03	沈阳黎明机械厂	黎明机械
03	大连华丽国际电力	华丽国际

(4)设置职员档案,如表 4-6 所示。

表 4-6　　　　　　　　　　　　职员档案表

部门名称	职员代码	人员	人员类别	性别
经理办公室	001	刘昌俊	管理人员	男
经理办公室	002	常立松	管理人员	男
财务科	003	王盛华	管理人员	女
财务科	003	刘智慧	管理人员	女
财务科	005	关林丽	管理人员	女
生产车间	006	金永刚	车间技术人员	男
生产车间	007	王红礼	车间技术人员	男
生产车间	008	孙婧婧	车间技术人员	女
生产车间	009	江秀丽	车间技术人员	女
生产车间	010	金宇鑫	车间技术人员	男
生产车间	011	刘楠	车间生产人员	男
生产车间	012	姜辉	车间生产人员	男

续表

部门名称	职员代码	人员	人员类别	性别
生产车间	013	王丽娜	车间生产人员	女
生产车间	013	张刚	车间生产人员	男
生产车间	015	吴杰	车间生产人员	男
生产车间	016	杨明	车间生产人员	男
生产车间	017	周成山	车间生产人员	男
生产车间	018	张爱丽	车间生产人员	女
生产车间	019	管红	车间生产人员	女
生产车间	020	曹东江	车间生产人员	男
生产车间	021	张秀莉	车间生产人员	女
生产车间	022	刘子景	车间生产人员	男
生产车间	023	商丽	车间生产人员	女
生产车间	023	王小军	车间生产人员	女
生产车间	025	王明	车间生产人员	男

五、设置凭证类型及结算方式实训

(一)结算方式设置

1. 现金结算
2. 现金支票
3. 转账支票
4. 汇兑
5. 银行汇票

(二)凭证类别设置

1. 类别名称:收款凭证
       付款凭证
       转账凭证
2. 限制类型:无

六、初始数据输入及启用账套实训

输入科目余额如表4-7所示。

表4-7　　　　　　　　　会计科目余额表

科目代码	科目名称	余额方向	金额
1001	库存现金	借	925.63
1002	银行存款	借	253 788.95

续表

科目代码	科目名称	余额方向	金额
100201	工商银行	借	253 788.95
1122	应收账款	借	326 370.00
112201	华光电子仪器厂	借	181 250.00
112202	万信整流器厂	借	135 220.00
1221	其他应收款	借	8 600.00
122101	车间金宇鑫	借	8 600.00
1303	原材料	借	75 860.00
130301	有机玻璃板	借	29 300.00
130302	不锈钢板	借	31 360.00
130303	油漆	借	15 000.00
1305	库存商品	借	82 800.00
130501	1号产品	借	21 600.00
130502	2号产品	借	61 200.00
1601	固定资产	借	582 767.00
160101	机器设备	借	230 767.00
160102	房屋建筑物	借	332 000.00
1602	累计折旧	贷	83 678.00
2001	短期借款	贷	300 000.00
200101	商品流转借款	贷	300 000.00
2202	应付账款	贷	107 113.89
220201	长信有机玻璃厂	贷	66 873.52
220202	河口物资供应站	贷	30 231.37
2211	应付职工薪酬	贷	17 663.63
2221	应交税费	贷	16 256.62
222101	应交所得税	贷	17 820.00
222103	未交增值税	借	1 563.38
3001	实收资本	贷	500 000.00
300101	法人资本	贷	500 000.00
3002	资本公积	贷	18 000.00
3101	盈余公积	贷	81 036.00
3103	利润分配	贷	113 262.33
310301	未分配利润	贷	113 262.33
4001	生产成本	借	6 810.00
400101	玻璃标牌(1号)	借	6 810.00

实训 4.2　账务处理系统实训

【能力目标】

熟练运用"用友财务软件"进行账务处理。
(1)能够熟练填制会计凭证。
(2)能够熟练进行凭证处理。
(3)会进行期末结转。
(4)能进行账簿查询。

【任务描述】

(1)以会计刘智慧的身份填制记账凭证,查询会计凭证。
(2)以出纳关林丽的身份进行出纳签字、现金、银行存款日记账的查询等业务。
(3)以会计主管王盛华的身份进行审核、记账、账簿查询等业务。

【实训资料】

大连铜辉标牌有限公司,2013年全部经济业务。(详见实训 3.2 中三)

实训 4.3　会计报表处理系统实训

【能力目标】

熟练运用"用友财务软件"处理报表数据。
(1)熟悉报表编制的原理及流程。
(2)能够根据企业经济业务编制自定义报表。

【任务描述】

(1)编制资产负债表。
(2)编制利润表。

(3)编制现金流量表。

(4)编制所有者权益变动表。

【实训资料】

大连同辉标牌有限公司,2013年12月全部经济业务。(见实训3.2全部资料)

参 考 文 献

[1] 王雪清.企业会计模拟实训教程(综合实训).3版.大连:东北财经大学出版社,2007.
[2] 黄明,郭大伟.企业会计模拟实训教程(单项实训).3版.大连:东北财经大学出版社,2009.
[3] 张永欣,吴健.会计岗位综合实训.北京:清华大学出版社,2010.
[4] 郑树旺.财务会计模拟实训.北京:北京工业大学出版社,2010.

附 录

附表1~附表80为模块三实训3.2三中经济业务题涉及的原始凭证。

经济业务题(1):如附表1所示。

附表1

| 中国工商银行 现金支票存根(辽) BS 02 13555266 附加信息:_____ _____ 出票日期 年 月 日 收款人: 金 额: 用 途: 单位主管 会计 | 本支票付款期限十天 | 中国工商银行现金支票(辽) 出票日期(大写) 年 月 日 BS 收款人: 02 13555266 人民币(大写) 亿千百十万千百十元角分 用途_____ 上列款项请从 我账户内支付 出票人签章   复核   记账 |

经济业务题(2):如附表2所示。

附表2

领 料 单   NO·006101

领用部门:

用 途: 年 月 日   材料仓库

材料类别	材料名称	计量单位	数量		金额	
			请领	实领	单位成本	总成本
备 注					合 计	

仓库保管员: 领料部门主管: 领料人: 2 记账联

经济业务题(3):如附表3~附表5所示。

附表3

大连增值税专用发票
抵 扣 联

2100054324　　　　　№

开票日期:

购货单位	名　　称: 纳税人识别号: 地　址、电　话: 开户行及账号:					密码区	略	
货物或应税劳名称	规格型号	单位	数量	单价	金　额	税率	税额
合　　计							
价税合计 (大写)	（小写）						
销货单位	名　　称: 纳税人识别号: 地　址、电　话: 开户行及账号:					备注	

收款人:　　复核:　　开票人:　　销货单位:（章）

第二联:抵扣联　购货方扣税凭证

附表4

大连增值税专用发票
发 票 联

2100054324　　　　　№

开票日期:

购货单位	名　　称: 纳税人识别号: 地　址、电　话: 开户行及账号:					密码区	略	
货物或应税劳名称	规格型号	单位	数量	单价	金　额	税率	税额
合　　计							
价税合计 (大写)	（小写）						
销货单位	名　　称: 纳税人识别号: 地　址、电　话: 开户行及账号:					备注	

收款人:　　复核:　　开票人:　　销货单位:（章）

第三联:发票联　购货方记账凭证

附 录

附表 5

收 料 单　　　　NO·00371

供货单位：

发票号码：　　　　　年　月　日　　　　　　材料仓库

材料类别	材料名称	计量单位	数　　量		金　　额	
			应　收	实　收	单位成本	总成本
备注					合计	

验收：　　　　　　保管员：　　　　　　制单：

经济业务题(4)：如附表6和附表7所示。

附表 6

大连增值税专用发票

2100054135　　　　此联不做报销、扣税凭证使用　　　　№

　　　　　　　　　　　　　　　　　　　　　　　　开票日期：

购货单位	名　　称：	密码区	略	第一联：记账联 销货方记账凭证
	纳税人识别号：			
	地　址、电　话：			
	开户行及账号：			

货物或应税劳名称	规格型号	单位	数量	单价	金　额	税率	税　额
合　　计							

价税合计（大写）	（小写）

销货单位	名　　称：	备注
	纳税人识别号：	
	地　址、电　话：	
	开户行及账号：	

收款人：　　　复核：　　　开票人：　　　销货单位：（章）

附表 7

产品出库单

NO·10127

接受单位：　　　　　　　　　年　月　日　　　　　　　成品仓库

产品名称或编号	计量单位	数　量	金　额	
			单位成本	总成本
备　　　注			合　计	

仓库管理员：　　　接受单位经手人：　　　制单：　　　　　　2、记账联

经济业务题(5)：如附表 8 和附表 9 所示。

附表 8

大连增值税专用发票

2102084208　　　　　发　票　联　　　　№

开票日期：

购货单位	名　　称： 纳税人识别号： 地　址、电　话： 开户行及账号：				密码区	略	
货物或应税劳名称	规格型号	单位	数量	单价	金额	税率	税额
合　　　计							
价税合计 （大写）				（小写）			
销货单位	名　　称： 纳税人识别号： 地　址、电　话： 开户行及账号：				备注		

收款人：　　复核：　　开票人：　　销货单位：（章）

第二联：发票联　购货方记账凭证

附表9

固定资产验收单

年　月　日

名称	规格型号	来源	数量	价值	使用年限	预计残值
				交付使用日期		附件
验收部门		验收人				

经济业务题(6)：如附表10～附表13所示。

附表10

中国工商银行 转账支票存根（辽） BS 02　18184075 附加信息：_____ _____ 出票日期　年 月 日	中国工商银行转账支票（辽）

| 收款人： |
| 金　额： |
| 用　途： |
| 单位主管　　会计 |

出票日期（大写）　　年　月　日　BS
　　　　　　　　　　　　　　　　02　18184075

收款人：

人民币　　　　亿 千 百 十 万 千 百 十 元 角 分
（大写）

本支票付款期限十天

用途_____

上列款项请从
我账户内支付
出票人签章　　　　复核　　　记账

附表 11

大连增值税专用发票
抵 扣 联

2100055201　　　　　　　　　　　　　　　　　　№

开票日期：

购货单位	名　　称：					密码区	略		
	纳税人识别号：								
	地址、电话：								
	开户行及账号：								
货物或应税劳名称	规格型号	单位	数量	单价	金额		税率	税额
合　计								
价税合计（大写）					（小写）			
销货单位	名　　称：					备注		
	纳税人识别号：							
	地址、电话：							
	开户行及账号：							

收款人：　　复核：　　开票人：　　销货单位：（章）

第二联：抵扣联　购货方扣税凭证

附表 12

大连增值税专用发票
发　票　联

2100055201　　　　　　　　　　　　　　　　　　№

开票日期：

购货单位	名　　称：					密码区	略		
	纳税人识别号：								
	地址、电话：								
	开户行及账号：								
货物或应税劳名称	规格型号	单位	数量	单价	金额		税率	税额
合　计								
价税合计（大写）					（小写）			
销货单位	名　　称：					备注		
	纳税人识别号：							
	地址、电话：							
	开户行及账号：							

收款人：　　复核：　　开票人：　　销货单位：（章）

第三联：发票联　购货方记账凭证

附表 13

<table>
<tr><td colspan="7" align="center">收 料 单　　　　　　　　NO·00372</td></tr>
<tr><td colspan="7">供货单位：</td></tr>
<tr><td colspan="7">发票号码：　　　　　　年　月　日　　　　　　材料仓库</td></tr>
<tr><td rowspan="2">材料类别</td><td rowspan="2">材料名称</td><td rowspan="2">计量单位</td><td colspan="2">数　量</td><td colspan="2">金　额</td></tr>
<tr><td>应　收</td><td>实　收</td><td>单位成本</td><td>总成本</td></tr>
<tr><td></td><td></td><td></td><td></td><td></td><td></td><td></td></tr>
<tr><td></td><td></td><td></td><td></td><td></td><td></td><td></td></tr>
<tr><td></td><td></td><td></td><td></td><td></td><td></td><td></td></tr>
<tr><td colspan="5">备注</td><td colspan="2">合计</td></tr>
</table>

验收：　　　　　保管员：　　　　　制单：

经济业务题(7)：如附表 14 所示。

附表 14

中 华 人 民 共 和 国 税 收 缴 款 书

（2009）大地缴电子报税专用

1492665

隶属关系：
注册类型：　　　填发日期：　年　月　日　征收机关：

<table>
<tr><td rowspan="4">缴款单位（人）</td><td>全　称</td><td></td><td rowspan="4">预算科目</td><td>编　号</td><td></td></tr>
<tr><td>代　码</td><td></td><td>名　称</td><td></td></tr>
<tr><td>开户银行</td><td></td><td>级　次</td><td></td></tr>
<tr><td>账　号</td><td></td><td colspan="2">收缴国库</td></tr>
<tr><td colspan="6">税款所属时期：　年　月　日　　税款限缴日期：　年　月　日</td></tr>
<tr><td colspan="2">品　目
名　称</td><td>课税数量</td><td>计税金额或销售收入</td><td>税率或单位税额</td><td>已缴或扣除额</td><td>实缴金额</td></tr>
<tr><td colspan="2"></td><td></td><td></td><td></td><td></td><td></td></tr>
<tr><td colspan="2">金额合计</td><td colspan="4">（大写）</td><td>￥</td></tr>
<tr><td colspan="2">缴款单位（人）
（盖章）
经办人（章）</td><td colspan="2">税务机关
（章）
填票人（章）</td><td colspan="2">上列款项已收妥并划转收款单位账户

国库（银行）盖章　　　年　月　日</td><td>备注</td></tr>
</table>

无银行收讫章无效

第一联收据国库经收处收款单位盖章后退缴款单位人作完税凭证

经济业务题(8)：如附表15～附表17所示。

附表15

大连增值税专用发票

2100054136　　　此联不做报销、扣税凭证使用　　　№

开票日期：

购货单位	名　　称：	密码区	略
	纳税人识别号：		
	地　址、电　话：		
	开户行及账号：		

货物或应税劳名称	规格型号	单位	数量	单价	金额	税率	税额
合　　　计							

价税合计（大写）	（小写）

销货单位	名　　称：	备注
	纳税人识别号：	
	地　址、电　话：	
	开户行及账号：	

收款人：　　复核：　　开票人：　　销货单位：（章）

第一联：记账联　销货方记账凭证

附表16

ICBC 中国工商银行

进账单（收账通知）3

年　　月　　日

出票人	全　称		收款人	全　称	
	账　号			账　号	
	开户银行			开户银行	
金额	人民币（大写）			千百十万千百十元角分	
票据种类					
				收款人开户银行签章	

此联是收款人开户银行给交给收款人的收账通知

附表 17

产品出库单

NO.10128

接受单位：　　　　　　　　　年　月　日　　　　　　　成品仓库

产品名称或编号	计量单位	数量	金　额	
			单位成本	总成本
备　注			合　计	

仓库管理员：　　　　经手人：　　　　制单：　　　　　　记账：

经济业务题(9)：如附表 18 所示。

附表 18

借　款　单（记账）

年　月　日　　　　　顺序第　　号

借款单位	*	姓名	*	级别		出差地点	*
						天数	*
事由	*			借款金额	*人民币（大写）		￥
单位负责人签署		结余金额 超支金额			注意事项	1.有*为借款人填写 2.凡借用公款必须使用本单据 3.第三联为正式借据由借款人和单位负责人签章 4.出差返回后三日内结算	

经济业务题(10):如附表 19 所示。

附表 19

领　料　单　　　NO. 00 6102

供货单位:

发票号码:　　　　　　　年　月　日　　　材料仓库

材料类别	材料名称	计量单位	数　量		金　额	
			应　收	实　收	单位成本	总成本
备注					合计	

验收:　　　　　　保管员:　　　　　　制单:　　　　　　记账:

经济业务题(11):如附表 20 和附表 21 所示。

附表 20

ICBC 中国工商银行

进账单(收账通知) 3

年　月　日

出票人	全　称		收款人	全　称									
	账　号			账　号									
	开户银行			开户银行									
金额	人民币(大写)				千	百	十	万	千	百	十	元	角	分
票据种类													

收款人开户银行签章

此联是收款人开户银行给交给收款人的收账通知

附表 21

收 款 收 据

收款日期　年　月　日

付款单位		收款单位		收款项目											
人民币 （大写）					千	百	十	万	千	百	十	元	角	分	结算方式
收款事由				经 办	部门										
					人员										
上述款项照数收讫无误。 收款单位财务专用章： 领款人签章				会计主管			稽核			出纳			交款人		

使用范围及规定：1.本收据只能用于单位内部和单位与单位、单位与个人之间的非经营性的经济往来，不得代替发票、行政事业性收费（基金）等政府非税收入收据和罚没收据。2.结算方式按现金结算、银行结算和转账等方式分别填写。3.作废时，应加盖作废戳记，并同存根一起保存，不得自行销毁。

....

经济业务题(12)：如附表 22 和附表 23 所示。

附表 22

中国工商银行 转账支票存根（辽） BS 02　18184076 附加信息： _____ _____ 出票日期　年　月　日 收款人： 金　额： 用　途： 单位主管　　会计	本支票付款期限十天	中国工商银行转账支票（辽） 出票日期（大写）　　年　　月　　日　BS 收款人：　　　　　　　　　　　02　18184076 人民币　　　　　　　亿 千 百 十 万 千 百 十 元 角 分 （大写） 用途_____ 上列款项请从 我账户内支付 出票人签章　　　　　　复核　　　　记账

附表 23

辽宁省大连市服务业剪贴发票

发 票 联

发票代码 221020971302
发票号码 10035789

购货单位(人)：　　　　　　　年　月　日

货名及规格	单位	数量	单价	金额 万千百十元角分	备注	②报销凭证
					本发票联大写金额与剪贴券剪留金额相符（十元以下部分除外）否则无效。	
合计金额(大写)		仟 佰 拾 元 角 分 ￥				
结算方式		开户银行及账号				

销货单位(盖章有效)　　收款人：　　开票人：

无剪贴券无效

| 9 | 8 | 7 | 6 | 5 | 4 | 3 | 2 | 1 | 0 | 千元 |

　　　　　　　　　| 9 | 8 | 7 | 6 | 5 | 4 | 3 | 2 | 1 | 0 | 百元 |

　　　　　　　　　　　　　　　| 9 | 8 | 7 | 6 | 5 | 4 | 3 | 2 | 1 | 0 | 千元 |

经济业务题(13)：如附表 24 所示。

附表 24

大连银行股份有限公司明珠公用卡
充 值 定 额 发 票

发 票 联

发票代码 221020917224
发票号码 10104271

台照：

金额：人民币壹佰元整

经手人：　　　　　　年　月　日

收款单位(盖章有效)

报销凭证

大连连信印刷有限公司 2009 年 10 月印制

经济业务题(14)：如附表25所示。

附表25

领 料 单　　　　　NO.006103

领用部门：

用　途：　　　　　　年　月　日　　　　　　材料仓库

材料类别	材料名称	计量单位	数　量		金　额	
			请　领	实　领	单位成本	总成本
备　注					合　计	

仓库保管员：　　　领料部门主管：　　　　　领料人：　　　　　　　　记账

经济业务题(15)：如附表26～附表28所示。

附表26

领 料 单　　　　　NO.006104

领用部门：

用　途：　　　　　　年　月　日　　　　　　材料仓库：

材料类别	材料名称	计量单位	数　量		金　额	
			请　领	实　领	单位成本	总成本
备　注					合　计	

仓库保管员：　　　领料部门主管：　　　　　领料人：　　　　　　2 记账联

附表 27

领 料 单   NO.006105

领用部门：

用　途：　　　　　　　年　月　日　　　　　　　　材料仓库：

材料类别	材料名称	计量单位	数　量		金　额	
			请　领	实　领	单位成本	总成本
备　注					合　计	

仓库保管员：　　领料部门主管：　　　　领料人：　　　　　　2 记账联

附表 28

领 料 单   NO.006106

领用部门：

用　途：　　　　　　　年　月　日　　　　　　　　材料仓库：

材料类别	材料名称	计量单位	数　量		金　额	
			请　领	实　领	单位成本	总成本
备　注					合　计	

仓库保管员：　　领料部门主管：　　　　领料人：　　　　　　2 记账联

经济业务题(16)：如附表29～附表31所示。

附表 29

大连增值税专用发票

2100054256

此联不做报销、扣税凭证使用

№

开票日期：

购货单位	名　　称：					密码区	略
	纳税人识别号：						
	地址、电话：						
	开户行及账号：						

货物或应税劳名称	规格型号	单位	数量	单价	金额	税率	税额
合　　计							

价税合计 （大写）	（小写）

销货单位	名　　称：		备注
	纳税人识别号：		
	地址、电话：		
	开户行及账号：		

收款人：　　　复核：　　　开票人：　　　销货单位：（章）

第一联：记账联　销货方记账凭证

附表 30

ICBC 中国工商银行　进账单（收账通知）3

年　　月　　日

出票人	全　称		收款人	全　称									
	账　号			账　号									
	开户银行			开户银行									
金额	人民币 （大写）				千	百	十	万	千	百	十	元	角	分

票据种类		
		收款人开户银行签章

此联是收款人开户银行给交给收款人的收账通知

附表 31

产品出库单

NO.10128

接受单位：　　　　　　　　　年　月　日　　　　　　　成品仓库

产品名称或编号	计量单位	数 量	金　　　额	
			单位成本	总成本
备　注			合　计	

仓库管理员：　　　　经手人：　　　　制单：　　　　　　记帐：

经济业务题(17)：如附表 32 所示。

附表 32

应付利息计算表

年　月　日

借款本金	年 利 率	应借科目	应付金额

复核(签章)　　　　　　　　　　　制表(签章)

经济业务题(18):如表附33和附表34所示。

附表3-33

12月份工资支付明细表

单位:　　　　　　　　　填制日期:2013 年 12 月 10 日

编号	姓名	基本工资	午餐补助	奖金	交通补助	应得工资	扣款明细					实发工资	领取人印
							基本养老(8%)	医疗保险(2%)	失业保险(1%)	住房公积金(10%)	个人所得税		
01 工人	王明	1 200	200	200	100								
02 工人	王小军	1 200	200	200	100								
03 工人	尚丽	1 800	200	500	100								
04 工人	刘子景	1 600	200	300	100								
05 工人	张秀丽	1 900	300	600	100								
06 工人	曹东江	1 500	200	300	100								
07 工人	管红	1 900	200	600	100								
08 工人	张爱丽	1 800	300	500	100								
09 工人	周成山	1 800	200	500	100								
10 工人	杨明	1 900	200	800	100								
11 工人	吴杰	2 000	200	800	100								
12 工人	张刚	2 100	200	800	100								
13 工人	王丽娜	2 400	200	1 000	100								
14 工人	姜辉	2 500	200	1 100	100								
15 工人	刘楠	2 500	200	1 100	100								
16 车间	金宇鑫	1 800	200	300	100								
17 车间	江秀丽	1 900	200	400	100								
18 车间	孙婧婧	1 900	200	500	100								
19 车间	王红礼	2 000	200	600	100								
20 车间	金永刚	2 100	200	700	100								
21 管理	刘智慧	2 200	200	1 000	100								
22 管理	关林丽	2 300	200	1 000	100								
23 管理	王盛华	2 500	200	1 200	100								
24 管理	常立松	2 700	200	1 400	100								
25 管理	刘昌俊	2 800	200	1 500	100								

单位负责人:　　　　　财务主管:　　　　　复核:　　　　　出纳:

表 3-34

社会保险费、住房公积金计提分配表

年　月　日　　　　　　　　　　　　　　　　　　　　　　　　　　　　单位:元

应借科目	应贷科目:应付职工薪酬				合　计
	养老保险 (19%)	失业保险 (2%)	医疗保险 (8%)	住房公积金 (10%)	
生产成本(15人)					
车间技术管理(5人)					
管理费用(4人)					
合　计					

会计主管:　　　　　　　　　　　复核:　　　　　　　　　　　制单:

经济业务题(19):如附表 35 和附表 36 所示。

附表 35

职 工 薪 酬 结 算 汇 总 表

年　月　日

车间部门		基本工资	午餐补助	奖金	交通费	应付工资	代 扣 款 项					实发工资
名 称	人员类别						公积金 (10%)	养老保险(8%)	失业保险(1%)	医疗保险(2%)	所得税	
生产工人												
车间技术管理人员												
行政管理人员												
合　计												

附表 36

中国工商银行 现金支票存根（辽） BS 02　　13555266 附加信息: ＿＿＿＿＿＿ ＿＿＿＿＿＿ 出票日期　年 月 日 收款人: 金　额: 用　途: 单位主管　　会计	本支票付款期限十天	中国工商银行现金支票(辽) 出票日期（大写）　　年　　月　　日　　BS 收款人:　　　　　　　　　　02　13555266 人民币　|亿|千|百|十|万|千|百|十|元|角|分| （大写） 用途＿＿＿＿＿＿＿＿＿ 上列款项请从 我账户内支付 出票人签章　　　　　　　复核　　　　记账

附　录　　271

经济业务题(20)：如附表 35 所示的内容。

经济业务题(21)：如附表 37 和附表 38 所示。

附表 37

| 中国工商银行 现金支票存根（辽） BS 02　13555268 附加信息：＿＿＿＿＿ ＿＿＿＿＿＿＿＿＿ ＿＿＿＿＿＿＿＿＿ 出票日期　年 月 日 收款人： 金　额： 用　途： 单位主管　　会计 | 本支票付款期限十天 | 中国工商银行现金支票（辽） 出票日期（大写）　　年　　月　　日　　BS 收款人：　　　　　　　　　02　13555268 人民币 （大写）　　亿千百十万千百十元角分 用途＿＿＿＿＿＿ 上列款项请从 我账户内支付 出票人签章　　　　　　复核　　　　记账 |

附表 38

ICBC 中国工商银行

年　月　日　　　　　　　　　　进账单（收账通知）3

出票人	全　称		收款人	全　称		此联是收款人开户银行给交给收款人的收账通知
	账　号			账　号		
	开户银行			开户银行		
金额	人民币 （大写）	千百十万千百十元角分				
票据种类					收款人开户银行签章	

经济业务题(22):如附表39~附表41所示。

附表 39

社会保障基金网上申报专用收据

辽财政监大字第　056-8 号　　收款日期：　　年　　月　　日

付款单位		结算方式	
人民币（大写）			￥
摘要： 无误 章			上述款项照数收讫 收款单位财务专用
会计主管：	稽核：	出纳：	收款人：

附表 40

大连市企业职工社会保险费结算表

费款所属日期：　年　月　到　年　月

单位名称：　　　单位编码：　　　单位：元　业务流水号：

单位性质	☐机关 ☐全额 ☐差额 ☐自收自支 ☐企业化管理	职工情况	全部工作人员数		养老	医疗	失业	工伤	生育
缴费类型	☐正常表 ☐补缴表		其中	缴费人数					
开户银行				本月增加					
账号				本月减少					

缴费项目	单 位 缴 费			个 人 缴 费			缴 费 金 额								
	缴费基数	费率	金额	缴费基数	费率	金额	百	十	万	千	百	十	元	角	分
基本养老保险费															
基本医疗保险费															
失业保险费															
工伤保险费															
生育保险费															
高额补充医疗保险费															
缴费金额合计	佰　拾　万　仟　佰　拾　元　角　分						￥：								

法人代表：(签章)　　部门负责人：(签章)　　制表人：(签章)　　电话

以下由社会保险机构审核填写

逾期　天　加收滞纳金	实收滞纳金	利息	核定应收金额
实收金额合计	佰　拾　万　仟　佰　拾　元　角　分		￥：

社会保险经办机构专管员审核：(签章)　　部门负责人：(签章)　　机构负责人：(签章)

注：本表一式三份，每月1—10日报送市机关事业单位社会保险中心。

附表41

住房公积金汇（补）缴书

日期： 年 月 日　　　联系人：　　　联系电话：

单位账号		单位名称									
交易人数		缴交时间	年	月至		年	月		月数		
人民币（大写）				千	百	十万	千	百	元	角	分
交易方式	□支票　□现金　□其他　□预缴转入					交易类型		□汇缴　□补缴			
支票号码		缴存类型			对应账号						
单位预留印鉴											

经济业务题(23)：如附表42和附表43所示。

附表42

中华人民共和国税收缴款书

（2008）大地缴电子报税专用　　地

1492674

隶属关系：
注册类型：　　填发日期： 年 月 日　　征收机关：

缴款单位（人）	全　　称		预算科目	编　号	
	代　　码			名　称	
	开户银行			级　次	
	账　　号			收缴国库	

税款所属时期： 年 月 日　　税款限缴日期： 年 月 日

品目名称	课税数量	计税金额或销售收入	税率或单位税额	已缴或扣除额	实缴金额
金额合计	（大写）				￥

缴款单位（人）（盖章）经办人（章）	税务机关（章）填票人（章）	上列款项已收妥并划转收款单位账户　　国库（银行）盖章　　年 月 日	备注

无银行收讫章无效

第一联　收据　国库经收处收款单位盖章后退缴款单位人作完税凭证

附表43

扣缴个人所得税报告

扣缴义务人名称（章）：　　　　　　　　扣缴义务识别号：　　　　　　申报日期：　　年　　月　　日　　单位：元（列至角分）

申报类型：□ 1、正常申报 2、补充申报 3、查前检查 4、专项提醒 5、纳税评估（评估编号：　　）

本期单位总人数	计税人员收入总额		减免税额合计	
其中特定行业计税人小法人数	其中：纳税人收入总额		本其实缴税额合计	
其中纳税总人数	"三险一金"总额			
本期非本单位人数	应纳税所得额		缴款书号码	
其中纳税人数				

序号	姓名	证照类型	证照号码	国籍或地区	是否雇员	职业	职务	所得项目	所得起始日期	所得终止日期	税款负担形式	收入额	"三险一金"合计	其他扣除项目额	应纳税所得额	税率(%)	应纳税额	本期已缴(扣)额	减免税额	实际应纳税额
(1)		(2)	(3)	(4)	(5)	(6)	(7)	(8)	(9)	(10)	(11)	(12)	(13)	(14)	(15)	(16)	(17)	(18)	(19)	(20)

扣缴人声明

本单位的纳税申报表是根据《中华人民共和国个人所得税法》的有关规定填报的，我确信它是真实的、可靠的、完整的。

法定代表人（负责人）签字：

财务负责人签字：

填表人：

授权声明

现授权　　　　　　　为本单位纳税代理人，

其法人代表　　　　　　电话　　　　　　。

报有关的往来文件，都可以寄此代理机构。

授权人签字：　　　　　年　月　日

代理人声明

本纳税申报表是根据国家税法规定和税务机关有关规定填列，合法的，如有不实，我愿承担法律责任。

代理人（法定代表人）签字：

经办人签字：

（代办盖章）　　　　年　月　日

受理时间：　　年　月　日　　受理机关：　　　　　　受理人：

注：本表一式两份，经税务机关受理后，退纳税人一份、税务机关留存一份。

附 录

经济业务题(24)：如附表44和附表45所示。

附表44

| 中国工商银行 转账支票存根（辽） BS 02　18184079 附加信息：_____ _____ _____ 出票日期　年　月　日 收款人： 金　　额： 用　　途： 单位主管　　会计 | 本支票付款期限十天 | 中国工商银行转账支票（辽） 出票日期（大写）　年　月　日　BS 　　　　　　　　　　　　　　02　18184079 收款人： 人民币　　　　　　　亿千百十万千百十元角分 （大写） 用途_____ 上列款项请从 我账户内支付 出票人签章　　　复核　　　记账 |

附表45

辽宁省大连市商业货物销售剪贴发票

发 票 联

发票代码 221020971302
发票号码 10035789

购货单位（人）：　　　　　年　月　日

货名及规格	单 位	数 量	单 价	金　额 万千百十元角分	备 注	② 报销凭证
					本发票联大写金额与剪贴券剪留金额相符（十元以下部分除外）否则无效。	
合计金额（大写）	仟 佰 拾 元 角 分　¥					
结算方式		开户银行及账号				

销货单位（盖章有效）　　　收款人：　　　开票人：

无剪贴券无效

9 8 7 6 5 4 3 2 1 0	千元
9 8 7 6 5 4 3 2 1 0	百元
9 8 7 6 5 4 3 2 1 0	千元

附 录

经济业务题(25)：如附表46所示。

附表46

中国工商银行汇票委托书(存根)

委托日期　　年　月　日				
汇款人			收款人	
帐号或住址			帐号或住址	
兑付地点	省市县	兑付行	汇款用途	
汇票金额	人民币（大写）			千百十万千百十元角分
备注		科目 ……………… 对方科目 ……………… 财务主管　　复核　　经办		

此联由汇款人留存作记账凭证

经济业务题(26)：如附表47～附表49所示。

附表47

大连增值税专用发票

2100054386

此联不做报销、扣税凭证使用

№

开票日期：

购货单位	名　称： 纳税人识别号： 地址、电话： 开户行及账号：					密码区	略	
货物或应税劳名称	规格型号	单位	数量	单价	金额	税率	税额	
合计								
价税合计（大写）					（小写）			
销货单位	名　称： 纳税人识别号： 地址、电话： 开户行及账号：					备注		

收款人：　　复核：　　开票人：　　销货单位：（章）

第一联：记账联　销货方记账凭证

附表 48

托收凭证（回单）1

委托日期　年　月　日

业务类型	委托收款（□邮划、□电划）			托收承付（□邮划、□√电划）											
付款人	全　称				收款人	全　称									
	账　号					账　号									
	地　址	省　市县	开户行			地　址	省　市县	开户行							
金额	人民币（大写）						亿	千	百	十	万	千	百	十	元	角	分
款项内容		托收凭据名　称					附寄单证张数									
商品发运情况				合同名称号码											
备注：付款人开户银行收到日期　　年　月　日　　复核　　记账			付款人开户银行签章　　年　月　日			付款人注意： 1. 根据支付结算办法，上列委托收款款项在付款期限内未提出拒付，即视为同意付款，以此代付款通知。 2. 如需提出全部或部分拒付，应在规定期限内，将拒付理由书并附债务证明退交开户银行。									

此联收款人开户银行给收款人收款依据

附表 49

产品出库单

NO. 10128

接受单位：　　　　　　　年　月　日　　　　　　成品仓库

产品名称或编号	计量单位	数　量	金　额	
			单位成本	总成本
备　注			合　计	

仓库管理员：　　经手人：　　制单：　　记帐：

经济业务题(27):如附表50所示。

附表50

固定资产报废申请表

单位：　　　　　　　　　　　　年　月　日

固定资产名称		规定使用年限		原　值	
型号规格		已提折旧年限		已提折旧	
				补提折旧	
单　位		数　量		预计收回殖值		净　值	
资产编号		所在地			
报废原因及现状				经办人：	
审批意见					
主管局		使用单位		技术鉴定小组	
同意 负责人　　经办人		**同意** 负责人　　经办人		**同意** 负责人　　经办人	

经济业务题(28):如附表51所示。

附表51

辽宁省大连市邮电通信专用发票

发　票　联

发票代码： 22102500186

年　月　日　　　　　发票号码： 10082678451

付款单位名称：											
项目	单位	数　量	单价	金　　　　额							
				万	千	百	十	元	角	分	
合　计											
	（大写）										

收款单位（盖章有效）：　　　　收款人：　　　　开票人：

经济业务题(29)：如附表 52 所示。

附表 52

ICBC 中国工商银行　　现金存款凭条

存款人	全称							款项来源					
	账号												
	开户行							交款人					

金额（大写）

票面	张数	十万	千	百	十	元	票面	张数	千	百	十	元	备注
壹佰元							壹佰元						
伍拾元							伍拾元						
贰拾元							贰拾元						
拾 元							拾 元						
伍 元							伍 元						
贰 元							贰 元						
壹 元							壹 元						

第二联　客户核对联

经济业务题(30)：如附表 53 所示。

附表 53

2010 年度
辽宁省工商行政管理系统收费专用收据

NO:00452246

辽财政监字第 010－1 号

年　月　日

缴款单位或姓名			缴款方式							
收费项目	数　量	收费标准	金额							
			十万	千	百	十	元	角	分	
合计										
金额（大写）	拾　万　仟　佰　拾　元　角　分									

收款单位（盖章）：　　　　　　　　　　　　收款人：

第四联报销凭证

附 录

经济业务题(31)：如附表 54 所示。

附表 54

ICBC 中国工商银行　收费凭条

年　月　日

付款人名称				付款人账号											上述款项请从我账户中支付。	
服务项目（凭证种类）	数量	工本费		手续费		小　计										
						百	十	万	千	百	十	元	角	分		
																记账联附件
合　计																
币种 （大写）															预留印鉴：	
以下在购买凭证时填写																
领购人姓名				领购人证件类型												
				领购人证件号码												

经济业务题(32)：如附表 55 所示。

附表 55

中国工商银行 电汇凭证（回　单）

□普通　□加急　委托日期　　年　　月　　日

汇款人	全　称				收款人	全　称											
	账　号					账　号											
	汇出地点		省	市/县		汇入地点			省		市/县						此联汇出行给汇款人的回单
汇出行名称					汇入行名称												
金额	人民币 （大写）						亿	千	百	十	万	千	百	十	元	角	分
					支付密码												
					附加信息及用途：												
			汇出行签章						复核：			记账：					

经济业务题(33):如附表 56 和附表 57 所示。

附表 56

委托收款（付款凭证）4

委托日期　年　月　日

业务类型		委托收款（□邮划、□电划）				托收承付（□邮划、□√电划）								
付款人	全称				收款人	全称								
	账号					账号								
	地址	省　市县	开户行			地址	省　市县	开户行						
金额	人民币（大写）						亿 千 百 十 万 千 百 十 元 角 分							
款项内容		托收凭据名称					附寄单证张数							
商品发运情况			合同名称号码											
备注：付款人开户银行收到日期　　年　月　日　　复核　　记账		付款人开户银行签章　　年　月　日				付款人注意：1.根据支付结算办法，上列委托收款款项在付款期限内未提出拒付，即视为同意付款，以此代付款通知。2.如需提出全部或部分拒付，应在规定期限内，将拒付理由书并附债务证明退交开户银行。							

此联付款人开户银行给付款人付款依据

附表 57

电 费 分 配 表

年　月　日　　　　　单位：元

部门	应借科目	分配比例	金额
生产车间	制造费用		
行政管理部门	管理费用		
合计			

复核：　　　　制单：

经济业务题(34):如附表58和附表59所示。

附表 58

中国工商银行转账支票存根（辽）	中国工商银行转账支票（辽）
BS 02 18184080	出票日期（大写）　年　月　日　BS 02 18184080
附加信息：_____	收款人：
_____	人民币（大写）　亿千百十万千百十元角分
出票日期　年 月 日	用途_____
收款人：	上列款项请从我账户内支付
金　额：	
用　途：	出票人签章　　复核　　记账
单位主管　会计	本支票付款期限十天

附表 59

辽宁省大连市服务业剪贴发票

发 票 联

发票代码 221020971360
发票号码 1001353

购货单位（人）：　　　年　月　日

货名及规格	单 位	数 量	单 价	金　额 千百十元角分	备 注	② 报销凭证
					本发票联大写金额与剪贴券剪留金额相符（十元以下部分除外）否则无效。	
合计金额（大写）	⊗ 仟 佰 拾 元 角 分 ¥					
结算方式			开户银行及账号			

销货单位（盖章有效）　　收款人：　　开票人：

无剪贴券无效

9	8	7	6	5	4	3	2	1	0	千元
9	8	7	6	5	4	3	2	1	0	百元
9	8	7	6	5	4	3	2	1	0	十元

经济业务题(35):如附表 60 和附表 61 所示。

附表 60

中国工商银行 转账支票存根(辽)	中国工商银行转账支票(辽)
BS 02　18184081	出票日期(大写)　　年　月　日　　BS 02　18184081
附加信息：_____ _____	收款人：
	人民币(大写)　　亿千百十万千百十元角分
出票日期　年月日	用途：_____
收款人：	上列款项请从
金　额：	我账户内支付
用　途：	出票人签章　　　　复核　　　记账
单位主管　　会计	

本支票付款期限十天

附表 61

辽宁省大连市饮食业统一发票

发票代码　221020971310

发　票　联

发票号码　10035799

用户名称：　　　　　年　月　日

经营项目	单位	数量	单价	金　额						
				千	百	十	元	角	分

合计金额 (大写)	仟　佰　拾　元　角　分

收款单位(盖章有效)　　　　收款人：　　　　　开票人：

注：发票联在阳文显现为绿色，大写金额一栏在验钞机照射下呈荧光反应。

附　录　　　　　　　　　　　297

经济业务题(36): 如附表 62 和附表 63 所示。

附表 62

| 中国工商银行
转账支票存根（辽）
BS
02　18184082
附加信息：＿＿＿＿＿
＿＿＿＿＿＿＿
＿＿＿＿＿＿＿
出票日期　年 月 日
收款人：
金　额：
用　途：
单位主管　　会计 | 本支票付款期限十天 | 中国工商银行转账支票（辽）
出票日期（大写）　　年　　月　　日　BS
收款人：　　　　　　　　　　　　02　18184082
人民币　　　　　　亿 千 百 十 万 千 百 十 元 角 分
（大写）
用途＿＿＿＿＿＿
上列款项请从
我账户内支付
出票人签章　　　　　　复核　　　　记账 |

....

附表 63

<u>收　款　收　据</u>
<u>收款日期　　年　月　日</u>

付款单位		收款单位				收款项目							
人民币 （大写）					千	百	十	万	千	百	十	元	角	分	结算方式
收款事由				经 办	部门 人员								
上述款项照数收讫无误。 收款单位财务专用章： 　　领款人签章		会计主管		稽核		出纳		交款人					

使用范围及规定：1.本收据只能用于单位内部和单位与单位、单位与个人之间的非经营性的经济往来，不得代替发票、行政事业性收费（基金）等政府非税收入收据和罚没收据。2.结算方式按现金结算、银行结算和转账等方式分别填写。3.作废时，应加盖作废戳记，并同存根一起保存，不得自行销毁。

附　录　　　　　　　　　　　　　　299

经济业务题(37)：如附表 64 和附表 65 所示。

附表 64

大连增值税专用发票

2100054387　　　此联不做报销、扣税凭证使用　　　№

开票日期：

购货单位	名　　称：					密码区	略
	纳税人识别号：						
	地　址、电　话：						
	开户行及账号：						
货物或应税劳名称	规格型号	单位	数量	单价	金　额	税率	税　额
合　　　　计							
价税合计（大写）				（小写）			
销货单位	名　　称：					备注	
	纳税人识别号：						
	地　址、电　话：						
	开户行及账号：						

收款人：　　复核：　　开票人：　　销货单位：（章）

第一联：记账联　销货方记账凭证

附表 65

商业承兑汇票（存　根）　　2

ⅨⅣ 24244769

签发日期　　年　月　日　　第　号

收款人	全　称		付款人	全　称	
	账号			账号	
	开户银行	行号		开户银行	行号
出票金额	人民币（大写）			千百十万千百十元角分	
汇票到期日		年　月　日	交易合同号		
备注： 本汇票已经本单位承兑，到期日无条件支付票款。此致 　　　　　收款人 　　　　　　　付款人盖章			汇票签发人盖章		
负责　经办　　年　月　日			负责　经办		

此联由收款人收执

经济业务题(38)：如附表 66 和附表 67 所示。

附表 66

中国工商银行 转账支票存根（辽）	中国工商银行转账支票（辽）
BS 02　18184082 附加信息：_____ _____ 出票日期　年　月　日 收款人： 金　　额： 用　　途： 单位主管　　会计	出票日期（大写）　　年　　月　　日　　BS 02　18184082 收款人：_____ 人民币（大写）：_____　亿千百十万千百十元角分 用途：_____ 上列款项请从我账户内支付 出票人签章　　　　复核　　　记账 本支票付款期限十天

附表 67

辽宁省非税收入统一收据

执收收单位编码：　　　辽财政监大字第 001 号　　　效验码

缴款单位（姓名）　　　　　　　　　　　　　　填开日期

收费项目	数量	收费标准	金额

大写：　　　　　　　　　小写：　　　支付方式：

执收单位（盖章有效）　　　收款人：　　　交款人：

第四联　报销凭证

经济业务题(39):如附表 68 所示。

附表 68

固定资产盘盈盘亏报告表

编报单位: 　　　　　　　　　　年　月　日

资产编号	固定资产名称	规格型号	计量单位	盘盈			盘亏			毁损			原因
				数量	重置价值	估计已提折旧	数量	原价	已提折旧	数量	原价	已提折旧	

主管部门批准意见:　　　　　　财务部门负责人:　　　　　　设备部门负责人:　　　　　　制表:

经济业务题(40):如附表 69 所示。

附表 69

财产保险费用摊销表

年　月　日

项目	摊销部门	保险费用预付		摊销期	本月摊销
		时间	金额		
合　计					

财务主管:　　　　　　　　　复核:　　　　　　　　　制单:

经济业务题(41):如附表70所示。

附表70

坏账准备计算表
年　月　日

坏账准备月初余额	本月借方发生额	本月贷方发生额	本月坏账准备计提基础	计提率5‰	应计提金额	实际计提金额

经济业务题(42):如附表71所示。

附表71

城建税、教育费附加计算单
年　月　日

项　目	计税额	城建税（7%）	教育费附加（3%）	合计
合　计				

经济业务题(43):如附表72所示。

附表72

固定资产折旧计算表
年　月　日

固定资产类别	使用部门	固定资产原值	平均月折旧率	折旧额
房屋建筑物	生产车间	104 060	2.5%	
	管理部门	215 896		
	小　计	319 956		
设　备	生产车间	124 785	10%	
	管理部门	60 026		
	小　计	184 811		
	合　计			

经济业务题(44)：如附表 73 所示。

附表 73

职工薪酬费用分配表（工资）

年　月　日　　　　　　　　　　　　　　　单位：元

应借科目		生产工人工资额分配			直接工资
		生产工时	分配率	分配金额	
生产成本	1号产品				
	1号产品				
	小计				
制造费用					
管理费用					
合　计					

财务主管：　　　　　　　　　　　　　　　　制单：

经济业务题(45)：如附表 74 所示。

附表 74

职工薪酬费用分配表（福利费）

年　月　日　　　　　　　　　　　　　　　单位：元

应借科目		生产工人工资额分配			福利费
		生产工时	分配率	分配金额	
生产成本	1号产品				
	1号产品				
	小计				
制造费用					
管理费用					
合　计					

财务主管：　　　　　　　　　　　　　　　　制单：

经济业务题(46)：如附表75所示。

附表 75

制造费用分配表

年　月　日　　　　　　　　　　　　　　　　单位：元

分配对象（产品）	分配标准（实际工时）	分配率（单位成本）	分配金额
合　计			

经济业务题(47)：如附表76所示。

附表 76

产　品　入　库　单

NO. 01672

交库单位：　　　　　　　　　年　月　日　　　　　　　　　　成品仓库

产品名称或编号	计量单位	送检数量	数量		实收数量
			检验合格	检验不合格	
备　注					

经济业务题(48)：如附表77所示。

附表77

产　品　发　出　汇　总　表

年　　月　　日

产品名称或编号	本　　期　　销　　售			
	借　记　科　目	数　量（块）	单　价	金　额
合　　计				

复核：　　　　　　　　　　　　　　制表：

经济业务题(49)：如附表78所示。

附表78

损　益　类　账　户　发　生　额　表

单位：元

主营业务收入				
主营业务成本				
营业税及附加				
销售费用				
管理费用				
财务费用				
投资收益				
营业外收入				
资产减值损失				
营业外支出				
合计				

经济业务题(50):如附表 79 所示。

附表 79

所 得 税 计 算 表

年　　月　　日　　　　　　　　　　　　　单位:元

会计利润	纳税调整增减项	应纳税所得额	税率（%）	所得税额

会计主管:　　　　　　　复核:　　　　　　　　　　　　制表:王明

经济业务题(51):如附表 80 所示。

附表 80

利润分配计算表

年　　月　　日　　　　　　　　　　　　　单位:元

利润分配项目	分配比例	分　配　额
合计		

会计主管:　　　　　　　　　　制表: